Nikolaus Lenz
1000 spannende Fragen
Allgemeinwissen

Außerdem bei OMNIBUS erschienen:

»1000 spannende Fragen Natur und Technik« (21705)

»1000 spannende Fragen Unsere Welt« (21706)

»1000 spannende Fragen Das Wissensquiz« (21708)

Nikolaus Lenz

1000 SPANNENDE FRAGEN

ALLGEMEINWISSEN

omnibus

OMNIBUS
ist der Taschenbuchverlag für Kinder
in der Verlagsgruppe Random House GmbH

Mix
Produktgruppe aus vorbildlich
bewirtschafteten Wäldern und
anderen kontrollierten Herkünften

Zert.-Nr. SGS-COC-1940
www.fsc.org

Verlagsgruppe Random House FSC-DEU-0100
Das für dieses Buch verwendete
FSC-zertifizierte Papier *Munken Print*
liefert Arctic Paper Munkedals AB, Schweden.

1. Auflage
Erstmals als OMNIBUS Taschenbuch Dezember 2006
Gesetzt nach den Regeln der Rechtschreibreform

Im Loewe Verlag erschienen unter den Titeln
Nikolaus Lenz, *Das Buch der 1000 Quizfragen* und
Nikolaus Lenz, *Mega Quizfragen. 1000x schon gewusst?*
(überarbeitete Ausgabe).

Umschlaggestaltung: Atelier Langenfass, Ismaning
MI · Herstellung: CZ
Satz: Buch-Werkstatt GmbH, Bad Aibling
Druck: GGP Media GmbH, Pößneck
ISBN-10: 3-570-21707-8
ISBN-13: 978-3-570-21707-8
Printed in Germany

www.omnibus-verlag.de

Inhalt

Sprachen

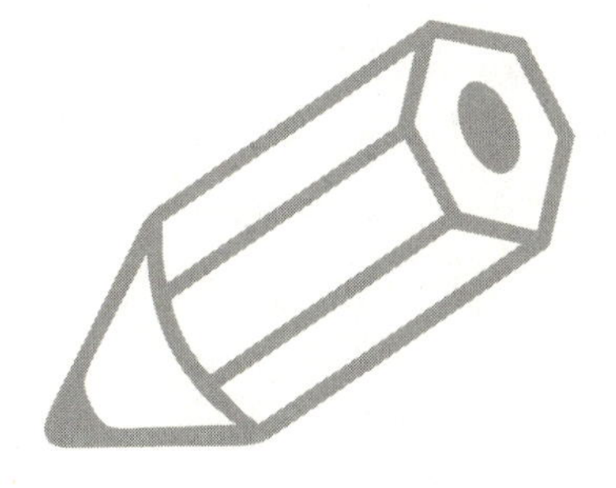

Wenn jemand mit Akribie an einer Sache arbeitet – was bedeutet das?

Er arbeitet mit ganz besonderer Sorgfalt.

Aus welcher Sprache kommt »Dalli, dalli«?

Aus dem Polnischen. »Dalej« heißt »weiter, schnell, los«. Über Ostdeutschland und Berlin gelangte die Aufforderung Dalli, dalli in die deutsche Sprache.

Was ist ein Piefke?

So nennen viele Österreicher einen Norddeutschen, wenn sie unter sich sind – oder wenn sie den Piefke beleidigen wollen. Der historische Herr Piefke war ein preußisch-wilhelminischer Militärmusiker, der um die Jahrhundertwende mit seinem Musikzug bei einer Parade in Wien auftrat. Bei den ziviler gestimmten Wienern machte er sich mit seinem zackigen Auftritt zum Gespött; der Piefke blieb an den Norddeutschen hängen.

Von welchem deutschen Wort kommt der »Dollar«?

Von Tal. Der deutsche Taler wurde ab dem Jahr 1515 aus dem Silber der Bergwerke von St. Joachimsthal geprägt – Thaler oder Taler ist die Abkürzung von »St. Joachimsthaler«. Aus dem Taler entstand der amerikanische Dollar.

Wie kamen unsere Wochentage zu ihren Namen?

Die Germanen übernahmen von den Römern nicht nur die Einteilung der Woche in sieben Tage, sondern auch die Bezeichnungen für die einzelnen Tage. Die Römer (und auch die Griechen) hatten jedem Tag einen Planeten zugeordnet und jeder Planet hatte seinen eigenen Gott. Als Planeten galten dabei: Sonne, Mond, Mars, Merkur, Jupiter, Venus, Saturn.

Montag

Tag des Mondes – lateinisch »dies Lunae«.

Dienstag
Tag des Gottes Ziu. (Ziu, der Himmelsgott und Kriegsgott, entspricht dem römischen Gott Mars.)

Mittwoch
Mitte der Woche. (Ursprünglich hieß der Tag Wodanstag nach dem germanischen Gott Wodan. Im Mittelalter gelang es der Kirche, den heidnischen Gott Wodan aus der deutschen Sprache zu entfernen und seinen Tag durch den neutralen Mittwoch zu ersetzen. Im Englischen heißt der Tag allerdings noch immer »Wednesday« – Wodanstag.)

Donnerstag
Tag des Gottes Donar. Donar war die zweithöchste germanische Gottheit. Er donnerte und verschleuderte Blitze. In dieser Hinsicht glich er dem römischen Göttervater Jupiter.

Freitag
Tag der Göttin Frija. (Sie ist die Gattin Wodans und gleicht der römischen Göttin Venus, die wiederum mit dem Planeten Venus zu tun hat.)

Samstag

Das im süddeutschen Sprachraum gebräuchliche Wort Samstag kommt vom hebräischen Sabbat, dem wöchentlichen Ruhetag der Juden. Der norddeutsche Sonnabend war zunächst nur der Vorabend des Sonntags; später der ganze Vortag. Im Englischen hat sich der ursprüngliche »saturday« – Tag des Gottes Saturn – noch erhalten.

Sonntag

Tag des Sonnengottes. Bei den Römern war der Sonntag der »dies Solis«, wobei »Solis« den Sonnengott (und nicht die Sonne) meint. Sonntag ist die einfache Übersetzung.

Was bedeutet der Hilferuf »Mayday«?

Schiffe und Flugzeuge setzen in akuten Gefahrensituationen den Funkruf Mayday ab. Das ist der internationale Notruf. Die wörtliche Übersetzung des englisch klingenden Wortes Mayday, nämlich »Maitag«, ergibt in diesem Zusammenhang natürlich gar keinen Sinn. Wahrscheinlicher ist, dass es vom französischen »m'aidez« – »Helft mir!« kommt.

Tut es weh, wenn man einen Pleonasmus hat?

Nein. Ein Pleonasmus ist ein Ausdruck, bei dem mit verschiedenen Wörtern das Gleiche gesagt und damit »doppelt gemoppelt« wird; »weißer Schimmel« oder »meine eigene Mutter« sind Pleonasmen (»meine Mutter« sollte reichen; »eigene« ist überflüssig). Haben wir zwei uns beide verstanden?

Was ist »bombastisch«?

Schwülstig, überladen. Wenn jemand sagt: »Das Wesen des Vogels drückt sich in seiner Fähigkeit aus, Strecken zwischen aufragenden Holzgewächsen fliegend zu überwinden«, dann ist das ein bombastischer Ausdruck für »Vögel können normalerweise von Baum zu Baum fliegen«.

Was ist ein Euphemismus?

Das ist ein Wort, mit dem man sich um traurige oder unangenehme Tatsachen herumdrückt. Man sagt zum Beispiel »heimgehen«, »entschlafen«, wenn »sterben« gemeint ist. Politiker sprechen von »Freisetzung« von Arbeitskräften, wenn sie Entlassungen meinen. Atommülldeponien nennt man manchmal »Entsorgungsparks« und Waffenfabriken bezeichnen sich selbst als »wehrtechnische Betriebe«.

Was antwortet man auf eine rhetorische Frage?

Eigentlich gar nichts. Wer eine rhetorische Frage stellt, erwartet keine Antwort darauf. Fragen wie »Wie weit wirst du es noch treiben?« oder »Sollen wir uns dieses unverschämte Verhalten wirklich bieten lassen?« oder »Was bildest du dir eigentlich ein?« sind rhetorische Fragen: Teil einer Rede.

Was ist ein Paradoxon?

Eine Behauptung, die bei genauerem Hinsehen merkwürdig falsch erscheint oder sich selbst widerspricht. Das berühmteste Paradoxon der Geschichte ist die Behauptung eines Menschen aus Kreta: »Alle Leute aus Kreta sind Lügner.« Wenn es stimmen sollte, dass alle Kreter Lügner sind, dann ist natürlich auch die Behauptung falsch, dass alle Kreter lügen. Wenn die Behauptung aber falsch ist, dann stimmt sie. Oder wie …?

Was unterscheidet einen Polizisten von einem Detektiv?

Detektive ermitteln in privaten oder staatlichen Diensten, doch stets ohne Uniform.

Wodurch macht sich ein Bigamist strafbar?

Er ist zur gleichen Zeit mit zwei Ehefrauen verheiratet. In unserem Rechtssystem ist Bigamie verboten. Eine Ehe mit mehreren Ehepartnern gleichzeitig, wie sie (den Männern) in der islamischen Kultur erlaubt ist, nennt man Polygamie. Bei uns herrscht Monogamie – Einehe.

Wie lebt ein Eremit?

Einsam und allein. Eremiten sind Einsiedler.

Was ist ein Duplikat?

Die Zweitschrift eines Dokuments.

Wie viele Gesprächspartner nehmen an einem Monolog teil?

Ein einziger. Ein Monolog ist ein lautes Selbstgespräch vor Zuhörern, zum Beispiel im Theater. Ein Zwiegespräch ist ein Dialog.

Was kennzeichnet einen Parasiten?

Er lebt auf Kosten anderer, ohne selbst etwas beizutragen. Parasiten nennt man auch Schmarotzer. Eine typisch parasitäre Pflanze ist zum Beispiel die Mistel, die in der Krone von Eichen lebt und sich in den Stoffwechsel des Baumes einschaltet.

Wie lange dauert ein Semester, wie lange ein Trimester?

Ein Semester ist ein Halbjahr, ein Trimester ein Dritteljahr.

Was ist die Lieblingsbeschäftigung eines Philatelisten?

Das Sammeln von Briefmarken. Philatelist ist der Fachausdruck für einen leidenschaftlichen Sammler von Marken, Stempeln und frankierten Umschlägen.

Weshalb haben so viele Deutsche einen französischen Familiennamen?

Deutschland, besonders Preußen, war seit der Bartholomäusnacht im Jahre 1572 ein klassisches Einwanderungsland für Hugenotten, die in ihrem Heimatland von den katholischen Behörden verfolgt wurden. Viele Deutsche mit französischem Namen sind Nachkommen dieser Auswanderer.

Was bedeutet der deutsche Abschiedsgruß »tschüss«?

Gott befohlen. Auf Französisch lautet dieser Gruß »A dieu« oder »adieu«. Im Deutschen wurde daraus nacheinander: Adjes, adschö, tschüss. Dieser Gruß ist in Norddeutschland populärer als in Süddeutschland.

Was meinen Österreicher, wenn sie sich mit »servus« begrüßen?

Das Wort »servus« ist lateinisch und bedeutet Diener. Servus als Gruß heißt »Ich bin dein (oder Ihr) Diener«.

Wo wird Mandarin gesprochen?

In Nordchina. Mandarin ist die chinesische Hochsprache und unterscheidet sich stark vom Südchinesischen. Als chinesische Amtssprache wird Mandarin jedoch von 650 Millionen Menschen zumindest verstanden. Ein »Mandarin« ist ein hoher Beamter des ehemaligen chinesischen Kaiserreiches.

Was ist eine Lingua franca?

Eine Verkehrssprache von Händlern und Seefahrern, die sich oft aus den Bestandteilen mehrerer Sprachen zusammensetzt.

Welche europäischen Sprachen verwenden eine andere Schrift als unsere lateinische?

Einige slawische Sprachen (wie Russisch, Serbisch und Bulgarisch) verwenden die kyrillische Schrift, die vor 1200 Jahren vom heiligen Kyrillos (dem Apostel der Slawen) entwickelt wurde. Griechisch wird heute, wie vor 2500 Jahren, im griechischen Alphabet geschrieben. Alpha und Beta sind zum Beispiel griechische Buchstaben, und zwar die ersten beiden des »Alphabets«.

Wie viele Sprachen werden heute in Europa gesprochen?

Etwa sechzig.

Wie heißt dieser englische Vorname auf Deutsch?

Baldwin	Balduin
Becky	Kurzform von Rebecca
Bill	Kurzform von William (Wilhelm)
Bob	Kurzform von Robert
Dick	Kurzform von Richard
Dolly	Kurzform von Dorothy (Dorothea)
Frederic	Friedrich
Geoffrey	Gottfried
Gill	Julia
Guy	Guido
Harriet	Henriette
Henry	Heinrich
Hugh	Hugo
Jack	Hans
James	Jakob
Jane	Johanna
Jenny	Hanne
Jeremy	Jeremias
Jill	Julia
Jim(my)	Kurzform von James (Jakob)
Jo(e)	Josef
John	Johann
Kathleen	Katharina

Kitty	Kurzform von Catherine (Katharina)
Madge	Margot
Maggie	Kurzform von Margaret (Margarete)
Maud	Kurzform von Magdalene (Magdalena)
Maurice	Moritz
May	Kurzform von Mary (Maria)
Nancy	Koseform von Ann (Anne, Anna)
Nelly	Kurzform von Helen (Helene, Helena)
Nigel	Kurzform von Nicolas (Nikolaus)
Robin	Kurzform von Robert
Sue	Kurzform von Susan (Susanne)
Ted(dy)	Kurzform von Edward (Eduard)

Was sind die Amts- und die anerkannten Minderheitssprachen in diesem Land?

Andorra	Spanisch, Französisch, Katalanisch
Belgien	Französisch (Wallonisch), Flämisch, Deutsch
Deutschland	Deutsch, Dänisch, Sorbisch
Finnland	Finnisch, Schwedisch

Irland	Irisch (Gälisch), Englisch
Italien	Italienisch, Deutsch (in Südtirol)
Kanada	Englisch, Französisch
Luxemburg	Französisch, Deutsch
Niederlande	Niederländisch, Friesisch
Norwegen	Bokmål und Nynorsk (norwegische Sprachen)
Österreich	Deutsch, Slowenisch, Kroatisch, Ungarisch
Pakistan	Urdu, Englisch
Peru	Spanisch, Quechua
Philippinen	Englisch, Spanisch
Rumänien	Rumänisch, Deutsch, Ungarisch
Schweiz	Deutsch, Französisch, Italienisch, Rätoromanisch
Singapur	Chinesisch, Englisch
Spanien	Spanisch (Kastilisch), Katalanisch, Baskisch, Galicisch
Sri Lanka	Singhalesisch, Tamilisch, Englisch
Südafrika	Afrikaans, Englisch, zum Teil Bantu
Thailand	Malaiisch, Sprachen der Bergvölker

Wie lautet in der Landessprache der Name von ...?

Agram	Zagreb	kroatisch
Albanien	Squipërísë	albanisch
Athen	Athenai	griechisch
Baskenland	Euzkadi	baskisch
Belgrad	Beograd	serbisch
Breslau	Wroclaw	polnisch
Bukarest	Bucuresti	rumänisch
Danzig	Gdańsk	polnisch
Finnland	Suomi	finnisch
Frankreich	France	französisch
Griechenland	Hellas	griechisch
Hermannstadt	Sibiu	rumänisch
Japan	Nippon	japanisch
Kopenhagen	København	dänisch
Laibach	Ljubljana	slowenisch
Lemberg	Lwów	russisch
Lissabon	Lisboa	portugiesisch
Lüttich	Liége, Luik	französisch, flämisch
Mailand	Milano	italienisch
Marburg	Maribor	slowenisch
Neapel	Napoli	italienisch
Oppeln	Opole	polnisch

Padua	Padova	italienisch
Posen	Poznań	polnisch
Prag	Praha	tschechisch
Pressburg	Bratislava	slowakisch
Rom	Roma	italienisch
Schweiz	Suisse,	französisch
	Svizzera,	italienisch
	Svizzra	rätoromanisch
Spanien	España	spanisch
Stettin	Szczecin	polnisch
Themse	Thames	englisch
Warschau	Warszawa	polnisch
Brüssel	Bruxelles,	französisch
	Brussel	flämisch
Plattensee	Balaton	ungarisch

Aus welchen Sprachen ist das Pidgin-Englisch zusammengemixt?

Aus Englisch und Chinesisch. Diese ostasiatische Händlersprache (eine Lingua franca) verbindet englische Wortwurzeln mit chinesischer Aussprache und chinesischem Satzbau. »Pidgin« (sprich: Pidschin) kommt von der chinesischen Aussprache des englischen Wortes business = Geschäft.

Was ist die zweitgrößte Sprachgruppe?

Die tibetochinesische Gruppe. Eine Sprache dieser Gruppe wird von rund 900 Millionen Menschen gesprochen.

Weltall & Erde

Wie spät ist es bei uns um 12 Uhr Weltzeit?

13 Uhr im Sommerhalbjahr und 14 Uhr im Winterhalbjahr. Die mitteleuropäische Sommerzeit ist der Weltzeit (oder Greenwich Mean Time) um zwei Stunden voraus, die mitteleuropäische Normalzeit um eine Stunde.

Von welchem Stern glaubte man früher, dass es sich um zwei verschiedene Sterne handelte?

Von der Venus. Sie ist als Morgen- und Abendstern in verschiedenen Himmelsregionen sichtbar.

Steht die Sonne fix am Himmel oder wandert auch sie durch das Universum?

Die Erde dreht sich zwar um die Sonne, doch auch die Sonne wandert – und das nicht langsam: mit etwa 250 Sekundenkilometern.

Wie viel wiegt ein 70 Kilogramm schwerer Mensch auf dem Mond?

Etwa zwölf Kilogramm. Der Mond hat nur etwa ein Sechstel der Anziehungskraft, die die Erde auf uns ausübt.

Was war die bisher größte Katastrophe in der bemannten Weltraumfahrt?

Die Explosion des Spaceshuttles »Challenger« im Jahr 1986. Sieben Astronauten kamen dabei ums Leben.

Wie lautet die wissenschaftliche Bezeichnung für Sternschnuppen?

Meteore oder Meteorite. Wenn sie in die Lufthülle der Erde eintauchen, erhitzen sie sich durch die Reibung an der Luft und verglühen. Nur wenige dieser kosmischen Gesteins- oder Metallbrocken treffen auf die Erdoberfläche auf.

Ist der 22. Juni der kürzeste oder der längste Tag des Jahres?

Kommt darauf an, wo man sich befindet. Auf der nördlichen Halbkugel, also in unseren Breiten, ist er der längste Tag; in Südafrika, Südamerika und Australien ist er der kürzeste.

Wie lange braucht das Licht von der Sonne zur Erde?

Ungefähr achteinhalb Minuten.

Ist das Lichtjahr ein Zeitmaß oder ein Längenmaß?

Ein Längenmaß. Ein Lichtjahr ist die Strecke, die ein Lichtstrahl in einem Jahr durcheilt, nämlich etwa 9,5 Billionen Kilometer.

Wie lange braucht das Licht vom Mond zur Erde?

1,25 Sekunden.

Wie viele Jahre etwa braucht die Erde, um die Sonne zu umkreisen?

Exakt ein Jahr. (Die Zeitspanne eines Jahres bezieht sich eben auf diesen Umlauf der Erde um die Sonne.)

Wie schnell ist Licht unterwegs?

Die Lichtgeschwindigkeit beträgt etwa 300 000 Kilometer pro Sekunde.

Wie kommt eine Mondfinsternis zustande?

Die Erde wirft ihren Schatten auf den Mond. Weil der Mond im Erdschatten liegt, kann er das normalerweise auf ihn fallende Sonnenlicht nicht zurückwerfen. Er bleibt finster.

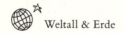

Welcher Planet hat die meisten Monde?

Der Jupiter mit elf Monden.

Wie heißen die drei Planeten, die zuletzt entdeckt wurden?

Uranus (entdeckt 1781), Neptun (1846) und Pluto (1930).

Wann konnte man zu Fuß durch das Mittelmeer gehen?

Vor sechs Millionen Jahren. Damals war das Mittelmeer ein gigantisches, trockenes Tal. Eine Bergkette versperrte dem Atlantischen Ozean den Zufluss. Als dieser Bergdamm vor 5,5 Millionen Jahren zerbrach, stürzten die Gewässer des Atlantiks in diese ungeheure Senke und füllten sie zum Mittelmeer auf.

Was ist Permafrost?

Permanenter Frost. In arktischen Landstrichen taut die Erde auch im Sommer nur oberflächlich auf. Darunter befindet sich eine Schicht aus ewig tiefgefrorener Erde.

Wo liegt das »Dach der Welt«?

So nennt man das tibetische Hochland in Zentralasien.

Hat das Kaspische Meer Süßwasser oder Salzwasser?

Salzwasser. Das Kaspische Meer ist mit 371 000 Quadratkilometern das größte Binnenmeer der Erde – und damit eigentlich ein See.

Wo lag das alte Mesopotamien?

Zwischen den Flüssen Euphrat und Tigris, hauptsächlich im Gebiet des heutigen Irak. »Mesopotamien« ist ein griechisches Wort und bedeutet »zwischen den Flüssen«. Man nennt dieses Gebiet auch heute noch das Zweistromland. Mesopotamien ist das Land der alten vorderasiatischen Hochkulturen. Seit 9000 Jahren siedeln hier Menschen.

Was unterscheidet die Wüste Gobi von den afrikanischen Wüsten?

Die Gobi ist im Sommer heiß, im Winter aber eisig kalt. Die Wüste Gobi liegt in Zentralasien und bedeckt Teile der Staatsgebiete Chinas und der Mongolei.

Wo leben die Tamilen?

In Südindien und Sri Lanka. Die Engländer als ehemalige Kolonialherren auf Sri Lanka (damals Ceylon) hatten die indischen Tamilen als Arbeiter für die ceylonesischen Teeplantagen angeheuert. Dieses dunkelhäutige Volk wurde auf der Insel heimisch. Heute gibt es blutige Auseinandersetzungen zwischen den Tamilen, die ihren eigenen Staat auf Sri Lanka fordern, und den hellhäutigen Singhalesen, den alteingesessenen Bewohnern der Insel.

Welchen Fluss nennt man den Gelben Fluss und warum?

Der Huangho fließt 4500 Kilometer durch Nordchina. Seine gelben, trüben Fluten tragen Unmengen von Lösserde mit sich und schieben sie an der Mündung noch viele dutzend Kilometer ins chinesische Meer hinaus; auch das Meer färbt sich gelb und heißt hier Gelbes Meer.

Welcher Gebirgszug trennt Europa vom asiatischen Sibirien?

Der Ural. Dieser Gebirgszug zieht sich über 2500 Kilometer vom Eismeer bis nach Kasachstan.

Wie nennt man plötzlich einsetzende, schwere Regenfälle?

Wolkenbruch.

Wo liegt das Land Albion?

Auf der Insel Großbritannien. Albion ist der ältere (vielleicht keltische) Name für England.

Wie kam die Osterinsel zu ihrem Namen?

Sie wurde zu Ostern 1722 von niederländischen Seefahrern entdeckt.

Wie weit ist der Horizont entfernt?

Etwa vier Kilometer. Der Horizont ist die Linie, an der der Himmel scheinbar die Erde (oder das Meer) berührt. Wenn man auf ebener Erde steht, ist der Horizont etwa vier Kilometer entfernt; das heißt, man kann mit einem entsprechend starken Fernrohr einen Menschen in dieser Entfernung noch ausmachen. Ist er jedoch weiter entfernt, dann nützt auch das beste Fernglas nichts – er ist hinter dem Horizont verschwunden; das heißt hinter der Erdkrümmung untergetaucht. Wenn man sich jedoch in dreißig Metern Höhe befindet, zum Beispiel auf einem Leuchtturm an einer Meeresküste, dann liegt der Horizont in einer Entfernung von zwanzig Kilometern.

Was sind die Beneluxländer?

Belgien, Niederlande und Luxemburg. »Benelux« ist die Abkürzung dafür.

Welche Länder haben Anteil an den Alpen?

Von West nach Ost: Frankreich, Schweiz, Liechtenstein, Italien, Deutschland, Österreich, Slowenien.

Von wo nach wo führt die berühmte Via Appia?

Das war die Straße, die vom alten Rom ans Meer zum Hafen von Ostia führte. Teile dieser Straße sind erhalten geblieben und werden noch heute benutzt.

Welche Insel gehört geografisch zu Nordamerika, politisch aber zu Europa?

Grönland. Diese größte Insel der Welt ist eine autonome (selbstverwaltete) Provinz von Dänemark.

Welcher Berg ist höher, der Elbrus im Kaukasus oder der Montblanc in den Alpen?

Der Elbrus ist 5462 Meter hoch, der Montblanc nur 4810 Meter.

Auf welcher Insel liegt der Vulkan Ätna?

Auf Sizilien. Er ist 3390 Meter hoch.

Wie heißt der einzige zurzeit aktive Vulkan des europäischen Festlandes?

Der Vesuv in Süditalien im Golf von Neapel.

Über das Gebiet welcher Staaten erstreckt sich Lappland?

Über Teile von Norwegen, Schweden, Finnland und Russland.

Welche Staaten liegen auf der Skandinavischen Halbinsel?

Eigentlich nur Schweden und Norwegen. Allerdings zählt man auch Dänemark, Finnland und Island zu den skandinavischen Staaten.

Was sind Roma und Sinti?

Das sind zwei mitteleuropäische Zigeunervölker. Die Sinti-Zigeuner sind vor mehr als 600 Jahren von Indien nach Deutschland eingewandert; die Rom-Zigeuner (das Wort »Rom« bedeutet Mensch) folgten in Wellen etwa ab dem Jahr 1860. Selbst als Staatsbürger europäischer Staaten haben es Zigeuner schwer, von der Mehrheitsbevölkerung akzeptiert zu werden.

Wo liegt der Bismarckarchipel?

Östlich von Neuguinea. Die Inseln, darunter Neumecklenburg (New Britain) und Neupommern (New Ireland), gehören zum Staat Papua-Neuguinea.

Was sind die Wallonen?

Französischsprachige Belgier.

Welche Städte und Gemeinden tragen den Zusatz »Bad«?

Staatlich anerkannte Kurorte mit Thermal- oder Heilquellen.

Wie nennt man die australischen Ureinwohner?

Aborigines. Sie wurden von den zumeist britischen Einwanderern bis auf wenige zehntausend Menschen ausgerottet. Auch heute noch werden sie in ihrem Heimatland extrem benachteiligt.

Wie viele Zigeuner leben in Europa?

Etwa 16 Millionen.

Wie sind die meisten Südseeinseln entstanden?

Entweder durch Vulkanausbrüche oder als Koralleninseln. Korallen bestehen aus den Skeletten von abermillionen winziger Seetierchen.

Zu welchem Staat gehören die Hawaii-Inseln?

Zu den USA. Sie liegen 3800 Kilometer von ihrem Mutterland entfernt.

Wo leben die Maori?

In Neuseeland. Die Maori, ein polynesisches Volk, sind vor langer Zeit dort eingewandert und haben damals die ursprüngliche Bevölkerung ausgerottet.

Wie heißen die drei hauptsächlichen Inselgruppen von Ozeanien?

Melanesien, Mikronesien und Polynesien. Das Wort »...nesien« kommt vom griechischen Wort für Insel.

Welches sind die wichtigsten Inseln von Melanesien?

Neuguinea, die Fidschiinseln, die Salomonen und der Bismarckarchipel. Melanesien liegt nordöstlich von Australien im Pazifik. Die Melanesier sind gedrungen und haben eine dunkle Hautfarbe; daher der Name Melanesien – schwarze Inseln.

Wie viele Inseln gibt es in Mikronesien?

Etwa 2500, die meisten davon sind winzig. Mikronesien heißt »kleine Inseln«. Sie liegen nördlich von Melanesien.

Was sind die Hauptinseln von Polynesien?

Neuseeland und Hawaii. Polynesien erstreckt sich über viele tausend Kilometer über den zentralen Pazifik. Polynesier sind groß, kräftig und haben die hellste Hautfarbe aller Ureinwohner von Ozeanien.

Wo liegt das größte Korallenriff der Welt und wie heißt es?

Das Große Barrierriff liegt vor der Küste Nordost-Australiens. Es ist 2000 Kilometer lang und an der dicksten Stelle 70 Kilometer breit.

Was sind die Kalmen?

Kalmen sind Regionen auf den Weltmeeren, in denen häufig Flauten (Windstille) herrschen. Bei Seefahrern, die früher auf Gedeih und Verderb dem Wind ausgeliefert waren, waren Kalmen natürlich äußerst unbeliebt.

Wo auf der Welt gibt es überall Alpen?

In Europa und auf Neuseeland. Die neuseeländischen Alpen sind fast so lang und fast so hoch wie die »richtigen« europäischen Alpen. Sie erstrecken sich etwa 700 Kilometer über die Südinsel von Neuseeland. Ihr höchster Gipfel, der Mount Cook, ist mit 3764 Metern nur ein paar Meter niedriger als der Großglockner, der höchste Berg Österreichs.

Was symbolisieren die Sterne und die Streifen auf der amerikanischen Flagge?

Die fünfzig Sterne auf blauem Hintergrund in der linken oberen Ecke der Flagge symbolisieren die fünfzig Bundesstaaten. Die dreizehn roten und weißen Streifen stehen für die dreizehn Gründungsstaaten.

Zu welchem Land gehört das Sternenbanner?

Zu den Vereinigten Staaten. Die Amerikaner nennen ihre Fahne »Stars and Stripes«, Sterne und Streifen.

Welche Flagge hat eine rote Sonne vor weißem Hintergrund?

Die japanische Flagge. Der Sage nach stammt das japanische Kaiserhaus von der Sonnengöttin ab.

Was ist das Nationalsymbol Irlands?

Das dreiblättrige Kleeblatt. Der Legende nach hat St. Patrick, der irische Nationalheilige, den Iren damit das Geheimnis der göttlichen Dreifaltigkeit erklärt. Ein Blatt repräsentiert den Vater, das zweite den Sohn, das dritte den Heiligen Geist.

Was ist der Kreml?

Die alte Zitadelle im Herzen von Moskau und russisches Regierungszentrum.

Was ist der Union Jack?

Die Flagge von Großbritannien.

Was ist der größte und was der kleinste Bundesstaat der Vereinigten Staaten von Amerika?

Der größte Staat ist Alaska mit 1,5 Millionen Quadratkilometern und etwa fünf Millionen Einwohnern. Am kleinsten ist Rhode Island mit nur 3000 Quadratkilometern und 800 000 Einwohnern. Alaska ist also 500-mal größer als Rhode Island, hat aber nur sechsmal so viele Einwohner.

Welche Länder durchfließt oder berührt (als Grenzfluss) die Donau?

Deutschland, Österreich, Slowakei, Ungarn, Jugoslawien, Rumänien, Bulgarien, Ukraine.

Welche Länder durchfließt oder berührt der Rhein?

Schweiz, Liechtenstein, Österreich, Deutschland, Frankreich, Niederlande.

Wo liegt das Goldene Horn?

In Istanbul. Die Hafenbucht der Stadt nennt man Goldenes Horn.

Welche Stadt hat den Beinamen »Goldene Stadt«?

Prag.

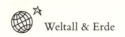

Wo liegt die Taiga?

Zwischen der sibirischen Tundra im Norden und den Steppen im Süden.

Auf welchem Kontinent gibt es keine Wüsten?

In Europa.

Was ist ein Wadi?

Ein fast immer trockenes Flusstal in den Wüsten Arabiens und Nordafrikas, das sich nur bei den (höchst seltenen) Regenfällen mit Wasser füllt, sich dann allerdings in einen reißenden Strom verwandelt.

Wie nennt man Ebbe und Flut in einer gemeinsamen Bezeichnung?

Die Gezeiten.

Was ist die Ursache von Ebbe und Flut?

Die Anziehungskraft von Sonne und Mond.

Wie heißen die schmalen, steilwandigen Meeresbuchten in Skandinavien?

Fjorde.

Wo liegt die tiefste bisher vermessene Stelle im Meer?

Im Marianengraben, im Pazifischen Ozean. Die Tiefe beträgt rund elf Kilometer.

Wo liegt das Gelbe Meer?

Zwischen China und Korea.

Wie nennt man eine ringförmige Koralleninsel?

Atoll.

Was ist ein Archipel?

Eine Gruppe kleiner Inseln.

Wie nennt man die südamerikanischen Steppen?

Pampas.

Mit welchem Tempo fließt der Golfstrom?

Mit etwa sieben Stundenkilometern. Das ist die Geschwindigkeit eines Spaziergängers.

Welche Kontinente liegen gänzlich auf der südlichen Halbkugel?

Australien und die Antarktis.

Wo steigen die Temperaturen höher: in den Tropen oder in den Subtropen?

In den Tropen. Subtropen nennt man die Gebiete zwischen den heißen (tropischen) und den gemäßigten Klimazonen der Erde. Das Mittelmeerklima zum Beispiel ist subtropisch. Mitteleuropa hingegen liegt in einer gemäßigten Klimazone.

Welche Farbe hat der Golfstrom?

Tiefblau.

Wie heißt die südlichste Stadt der Welt?

Punta Arenas an der Südspitze Südamerikas.

Wo liegt Lappland?

Im Norden der skandinavischen Halbinsel. In den riesigen Gebieten leben nur rund eine Million Menschen.

Welche Erdteile liegen voll und ganz auf der nördlichen Erdhalbkugel?

Nordamerika, Europa und Asien.

Liegt der Gipfel des Montblanc auf schweizerischem oder französischem Gebiet?

Auf französischem Gebiet.

Was ist eine grüne Grenze?

Eine Grenze, die nicht kontrolliert wird. Entweder verzichten die beiden angrenzenden Staaten auf eine lückenlose Überwachung und unterhalten nur an Verkehrswegen Kontrollstellen, wie heute fast überall in Europa. Oder der Grenzstreifen ist zu lang und das Gelände zu unübersichtlich. Über die grüne Grenze zwischen Mexiko und den USA gelangen täglich illegale Einwanderer und hunderte von Schwarzarbeitern nach Nordamerika.

Welcher amerikanische Bundesstaat hat seinen Namen nach einem französischen König?

Louisiana. Das Gebiet dieses Bundesstaates wurde zuerst von Franzosen zur Zeit König Ludwigs XIV. besiedelt. Im Jahr 1812 kauften es die Vereinigten Staaten Frankreich ab.

Wo lagen der Sage nach die Städte Sodom und Gomorrha?

Dort, wo sich heute das Tote Meer erstreckt. Nach den Erzählungen der Bibel hatte Gott die beiden Städte wegen des lockeren, wenig gottesfürchtigen Lebenswandels ihrer Einwohner dem Erdboden gleichgemacht.

Wer hat in der Downing Street Nr. 10, London, sein Büro?

Der britische Premierminister.

In welchem Land liegt die höchste Passstraße Europas?

In Spanien. Die Straße über den Pico de Veleta erreicht eine Höhe von 3392 Metern.

Wie hieß das sagenhafte versunkene Reich des Nordens?

Thule. Man vermutet es auf den Shetlandinseln oder auf Island.

Welche Stadt ist größer?

Mexico City (Mexiko) oder Shanghai (China)?
Mexico City hat 20 Mio Einwohner, Shanghai hat 13 Mio.

Tokio (Japan) oder Peking (China)?
Tokio hat 12 Mio., Peking hat 10,8 Mio. Einwohner.

Paris (Frankreich) oder Buenos Aires (Argentinien)?
Paris hat 11 Mio., Buenos Aires hat 12,5 Mio. Einwohner.

Moskau (Russland) oder Seoul (Korea)?
Moskau hat 8,7 Mio., Seoul hat 10,2 Mio. Einwohner.

Tientsin (China) oder London (England)?
Tientsin hat 9 Mio., London hat 7,1 Mio. Einwohner.

Kalkutta (Indien) oder São Paulo (Brasilien)?
São Paulo hat 9,8 Mio., Kalkutta 12 Mio. Einwohner.

New York (USA) oder Kairo (Ägypten)?
New York hat 7,4 Mio., Kairo hat 6,8 Mio. Einwohner.

St. Petersburg (Russland) oder Teheran (Iran)?
St. Petersburg hat 4,8 Mio., Teheran hat 6,7 Mio. Einwohner.

Welches Wetter bringt der Monsun?

Regen. Monsunwinde wehen vom Meer zum Land und bringen Niederschläge, die oft wochen- oder monatelang dauern. Monsun ist die Bezeichnung für die alljährlich wiederkehrende feuchte Jahreszeit in weiten Teilen von Süd- und Südostasien.

Mit welchem Gerät wird die Stärke von Erdbeben gemessen?

Mit einem Seismografen.

In welcher Wüste hat es seit vier Jahrhunderten nicht mehr geregnet?

In der Atacamawüste in Südamerika (Chile). Sie ist die trockenste Wüste der Welt.

Wie heißen die berüchtigten Schneestürme des amerikanischen Mittelwestens?

Blizzards.

Wo bläst der Mistral?

In Südfrankreich. Der Mistral ist ein starker, kalter Wind.

Wie lautet die Bezeichnung für die Halbinsel, auf der Spanien und Portugal liegen?

Iberische Halbinsel. Die Iberer waren die Ureinwohner dieser Halbinsel.

Was sind die Buren?

Die Nachkommen niederländischer Einwanderer in Südafrika. Sie haben ihre eigene Sprache, das Afrikaans.

Zu welchen europäischen Ländern gehören die Kanarischen Inseln, die Azoren und Madeira?

Die Kanarischen Inseln gehören zu Spanien, die Azoren und Madeira zu Portugal.

Wie heißt das baumlose Grasland der tropischen Klimazonen?

Savanne. In der trockenen Jahreszeit ist die Savanne braun und sonnenverbrannt, in der Regenzeit steht das Gras hoch und grün.

Was ist der Unterschied zwischen Lava und Magma?

Beides sind geschmolzene, glühend flüssige Gesteine. Wenn Magma in Vulkanen aus dem Erdinneren austritt, nennt man es Lava.

Wie viele Menschen kamen beim stärksten Erdbeben der Geschichte um?

Etwa 800 000. Das Beben ereignete sich im Jahr 1556 in China.

Wie heißt die Öffnung eines Vulkans, aus der Material aus dem Erdinneren austritt?

Krater.

Was ist der Feuerkreis?

Ein Ring von vulkanisch aktiven Gebieten, der sich entlang der Westküste Nord- und Südamerikas und der Ostküste von Australien zieht und sich im Süden in Australien und Ozeanien nahezu wieder schließt. Hier liegen die meisten Vulkane der Erde und auch viele der durch Erdbeben gefährdeten Gebiete.

Welchen Fluss sperrt der Assuan-Staudamm?

Den Nil im südlichen Ägypten. Der gewaltige Damm ist nahezu fünf Kilometer lang und über hundert Meter hoch.

Zu welchem Erdteil gehört Arabien und wie heißt der größte Staat auf dieser Halbinsel?

Zu Asien; Saudi-Arabien.

Was versteht man unter Schwarzafrika?

Jene Teile Afrikas, die von dunkelhäutigen Menschen bewohnt werden. Im Gegensatz dazu stehen das arabisch besiedelte Nordafrika und das trotz schwarzer Mehrheitsbevölkerung von den Nachkommen weißer Einwanderer dominierte Südafrika.

Wie heißt die Hauptinsel Japans?

Honshu.

Wo liegt die Inselgruppe Spitzbergen?

Im europäischen Teil des Nordpolarmeers. Sie gehört seit 1920 zu Norwegen.

Welche Meerengen trennen den europäischen Teil der Türkei vom asiatischen Teil?

Der Bosporus und die Dardanellen.

Welche Großstadt liegt teilweise in Asien, teilweise in Europa?

Istanbul.

Wo leben die Berber?

In Nordafrika, zumeist an der westlichen Mittelmeerküste. Berber sind keine Araber. Sie haben ihre eigene Sprache und Kultur.

Zwischen welchen Meeren liegt Kleinasien?

Kleinasien ist eine westasiatische Halbinsel zwischen dem Schwarzen Meer und dem Mittelmeer. Seine Fläche wird fast vollständig vom Staatsgebiet der Türkei eingenommen.

Welche ostasiatische Inselgruppe gehörte bis zum Jahr 1946 zu den USA?

Die Philippinen. Die Inseln waren zunächst eine spanische Kolonie und wurden 1898 (als Folge des spanisch-amerikanischen Kriegs) an die USA abgetreten. 1946 wurden die Philippinen unabhängig.

Welches ist die größte deutsche Insel?

Rügen (Mecklenburg-Vorpommern).

Welche asiatische Besitzung Großbritanniens fiel im Jahr 1997 an China zurück?

Die Halbinsel Hongkong, bis 1997 noch eine britische Kronkolonie.

Welches ist die größte Insel Europas?

Großbritannien.

Vor der Westküste welchen Landes liegen die Hebriden?

Vor Schottland.

Natur

Wie heißt die größte heimische Wespenart?

Hornisse.

Welches Tier schläft von Ende September bis Anfang Mai?

Der Siebenschläfer. Er hält einen (zumeist) siebenmonatigen Winterschlaf.

Zu welcher Tierfamilie gehört der Pfau?

Zu den Hühnervögeln.

Was sind anaerobe Lebewesen?

Das sind Tiere wie zum Beispiel manche Bakterien, die ohne den Sauerstoff der Luft auskommen. Der Begriff »anaerob« setzt sich zusammen aus den griechischen Wörtern »an« (nicht), »aero« (Luft) und »bio« (Leben).

Wie lange dauert die Schwangerschaft einer Elefantenkuh?

20 bis 22 Monate.

Woraus besteht Guano und wozu dient er?

Aus den Exkrementen von Seevögeln. Guano ist ein vorzügliches natürliches Düngemittel.

Welche Art von Fischen ist am zahlreichsten?

Der Hering. Man schätzt die Zahl der Heringe in allen Weltmeeren auf eine Million Millionen (eine Billion) Exemplare.

Wie heißt die salbenartige Fettmasse, die aus Schafwolle gewonnen wird?

Lanolin.

Was ist das kleinste Landsäugetier?

Die Zwergspitzmaus. Sie wird höchstens fünf Zentimeter lang und fünf Gramm schwer.

Wie nennt man ein männliches Schaf?

Widder (oder Schafbock).

Welches sind die ältesten europäischen Haustiere?

Der Hund (seit etwa 9000 Jahren), die Ziege und das Schwein (seit 5000 Jahren).

Welches große Raubtier ist ausgesprochen scharf auf Süßes?

Der Bär. Er liebt es, Honigstöcke auszurauben und Honig zu schlecken.

Elefanten sind die größten Landsäugetiere. Welche sind die zweitgrößten?

Die Nashörner.

Welche Papageienvögel haben eine hoch aufragende Federhaube?

Die Kakadus.

Was ist der Unterschied zwischen einem Wiesel und einem Hermelin?

Hermeline sind größer als Wiesel. Beides sind flinke, kleine bepelzte Raubtiere, die Jagd auf Mäuse, Ratten und andere kleine Tiere machen.

Welche Tiere fressen ihr Leben lang nichts?

Die Eintagsfliegen. Sie leben tatsächlich nur einige Stunden lang, in denen sie sich paaren und ihre Eier in Tümpeln ablegen. Als Larven haben sie freilich schon einige Monate lang gelebt. Sobald die Eintagsfliegen endlich »richtige« Fliegen sind, ist ihr Leben auch schon wieder vorbei.

Was sind Wassermokassins?

Tropische Giftschlangen.

Welcher Vogel schlägt am schnellsten mit seinen Flügeln?

Der Kolibri (mit 90 Schlägen pro Sekunde).

Was sind Ganter und Gössel?

Die männliche Gans und das junge Gänschen.

Wie nennt man ein weibliches und wie ein junges Reh?

Das Weibchen heißt Ricke oder Geiß, das Junge heißt Kitz.

Silberfuchs, Silberlöwe und Blaufuchs: Gibt es diese Tiere wirklich?

Ja. Der Silberfuchs stammt aus Kanada und hat ein schwarz-weißes Fell, das sehr kostbar ist, weil es für die Herstellung von Pelzen sehr begehrt ist. Silberlöwe oder Berglöwe ist eine andere Bezeichnung für die größte Raubkatze des amerikanischen Kontinents, für den Puma. Der Blaufuchs lebt in den polaren Regionen Sibiriens, Nordamerikas und Lapplands.

Zu welcher Tierfamilie gehört das Zebu?

Zu den Rindern. Zebus haben einen Höcker auf dem Rücken. Sie leben in Indien und Ostafrika.

Welche nordischen Nagetiere finden auf ihren Wanderzügen oft massenhaft den Tod?

Die Lemminge. In Zeiten starker Vermehrung machen sie sich zu hunderttausenden und Millionen auf, um neue Siedlungsgebiete zu finden. Gewässer durchqueren sie dabei schwimmend. Wenn sie jedoch auf Meeresküsten oder breite Flüsse stoßen, ertrinken sie jämmerlich. Berichte vom »Massenselbstmord« von Lemmingen sind jedoch Märchen. Auch Lemminge würden das andere Ufer lieber lebendig erreichen.

Welche Fledermausart ernährt sich von Früchten?

Die Fliegenden Hunde der Tropen.

Welcher Vogel kann besser schwimmen als fliegen und laufen?

Der Pinguin. An Land kommt er nur mühsam voran und fliegen kann er überhaupt nicht.

Wie heißt die große Raubeidechse, die in Afrika und Südasien vorkommt?

Waran. Diese Tiere können bis zu drei Meter lang werden und machen sich auch über Ziegen, Wildschweine und andere größere Tiere her. Von allen heute lebenden Tieren haben sie die größte Ähnlichkeit mit den Drachen unserer Sagen.

Wo leben Dingos?

In Australien. Dingos sind die Nachkommen verwilderter Haushunde, die von den Einwanderern mitgebracht worden waren. Ursprünglich hat es in Australien weder hunde- noch katzenartige Raubtiere gegeben.

In welchem europäischen Land gibt es keine Schlangen?

In Irland. Als diese Insel vom europäischen Festland und von der Nachbarinsel Großbritannien noch nicht getrennt war, war es für Schlangen zu kalt, denn es herrschte Eiszeit und Irland lag unter Gletschern. Später, als das Klima milder wurde, lag das Meer zwischen der Insel und dem Kontinent. Die katholischen Iren erklären die Sache freilich anders. Der Legende nach hat St. Patrick, der Apostel der Iren, die Schlangen mit einem Bannfluch von der Insel vertrieben.

Otter, Natter, Blindschleiche, Grottenolm: Welches dieser Tiere gehört nicht zu den Schlangen?

Blindschleiche (eine Eidechsenart mit verkümmerten Beinen) und Grottenolm (eine Lurchart).

Welche Tierart wird in ihrer Heimat »Waldmensch« genannt?

Der Orang-Utan. Dieser Menschenaffe lebt in den Regenwäldern von Borneo und Sumatra.

Was ist eine Bache?

Ein weibliches Wildschwein.

In welchem Land gab es den ersten Tierschutzverein?

In England (1824).

Wer sagte »Tiere sind meine Freunde. Und meine Freunde esse ich nicht!«?

Der irische Dichter George Bernard Shaw.

Wo kommen Löwen vor?

In Afrika und im Iran.

Wie alt kann eine Honigbiene (Arbeiterin) ungefähr werden?

Etwa zwei Monate.

Zu welcher Tierfamilie gehört das Reh?

Zu den Hirschen.

Welcher heimische Rabenvogel kann die Stimmen anderer Vögel täuschend nachahmen?

Der Eichelhäher.

Welche Hunderasse heißt auf Deutsch »lecker, lecker«?

Der Chow-Chow, eine chinesische Hunderasse. Das Wort »Chow-Chow« kommt aus dem Chinesischen und bedeutet so viel wie »lecker, lecker«. In China verspeist man auch Hunde – so wie bei uns die meisten Leute nichts dabei finden, ein Kalb oder auch einen Stallhasen aufzuessen.

Was sind Kakerlaken?

Kakerlaken sind Küchenschaben – flinke, lichtscheue, widerstandsfähige Käfer, die in südlichen Ländern so groß wie Mäuse werden. Sie können sich in die engsten Ritzen drücken und wochenlang ohne Nahrung auskommen. Kakerlaken fressen fast alles, von Lebensmitteln bis zur Gummierung von Briefmarken.

Was ist im Tierreich der nächste Verwandte des Flusspferdes?

Das Hausschwein.

Mit welchen Körperteilen können Schmetterlinge Geschmack wahrnehmen?

Mit den Fühlern und mit den Füßen.

Woher hat der Ohrwurm seinen Namen?

Ohrwürmer sind längliche braune Insekten. Früher glaubte man, dass sie sich im Gehörgang des Menschen verkriechen und das Trommelfell durchnagen. – Einen Ohrwurm nennt man auch eine Melodie, die man nicht vergessen kann und die einem im Ohr bleibt, ob man will oder nicht.

Wie nennen Jäger das Blut der von ihnen erlegten Wildtiere?

Schweiß.

Gibt es den Bücherwurm wirklich?

Bücherwürmer nennt man nicht nur Menschen, die am liebsten Bücher, und nichts als Bücher, um sich haben. Bücherwürmer sind tatsächlich kleine, flügellose Insekten, die sich von totem pflanzlichem Material ernähren, zum Beispiel von Altpapier. Bücherwürmer waren früher eine große Plage in alten Bibliotheken.

Was fressen Heuschrecken?

Gras und andere pflanzliche Stoffe.

Zu welcher Tierfamilie gehört die Rohrdommel?

Zu den Reihervögeln.

Welche Tiere hält man in einem Terrarium?

Reptilien und Amphibien.

Welche Säugetierart ist mit keiner anderen bekannten Tierart näher verwandt?

Das Erdferkel. Um dieses Tier überhaupt klassifizieren zu können, musste man sich eine Tierfamilie ausdenken, in die man das Erdferkel steckte: die Familie der Röhrenzähner. Das Erdferkel ist ihr einziger Vertreter.

Wie nennt man die Larven des Maikäfers?

Engerlinge.

Was ist ein Lindwurm?

Ein anderer Name für den Drachen unserer Sagen.

Was haben Ameisen, Termiten und Bienen gemeinsam?

Sie alle sind soziale Insekten. Sie leben in großen Gemeinschaften und verschiedene Gruppen dieser Insektenvölker haben verschiedene Aufgaben zu erfüllen.

Was ist ein Frischling?

Ein junges Wildschwein. Frischlinge haben eine streifenförmige Zeichnung, die später verschwindet.

Wodurch unterscheiden sich Motten von Schmetterlingen?

Schmetterlinge sind zumeist am Tag, Motten hingegen meist nur nachts unterwegs. Schmetterlinge falten ihre Flügel nach oben zusammen, Motten schlagen sie nach unten um den Körper ein.

Woran erkennen Fachleute das Alter und den Gesundheitszustand eines Pferdes?

An den Zähnen. Pferdehändler gucken vor dem Kauf dem Pferd ins Maul. Daher kommt auch das Sprichwort »Einem geschenkten Gaul schaut man nicht ins Maul«. Das soll so viel heißen wie: Was man umsonst bekommt, das soll man nicht sofort, und vor allem nicht auffällig, auf seinen Wert untersuchen.

Wie nennen Jäger die Beine von Wildtieren?

Läufe.

Wovon ernähren sich Schmetterlinge?

Von Nektar.

Was ist Nektar?

Das ist die zuckerartige Substanz in Blüten.

Wie kommen Schmetterlinge an den Nektar heran?

Sie saugen den Nektar durch eine lange, dünne Röhre ein, die sie nach Gebrauch unter dem Kopf zusammenrollen.

Woraus besteht Kreide?

Aus den Kalkschalen von Urtierchen, die vor vielen Millionen Jahren auf der Erde gelebt haben.

In welchem Land gab es die ersten Blindenhunde?

In Deutschland. 1916 wurden in Stettin (heute Polen) die ersten Hunde als Begleiter für blinde Personen ausgebildet.

Welches Tier trägt den Kopf am höchsten?

Die Giraffe. Sie erreicht eine Rekordhöhe von sechs Metern.

Wie heißt die kleinste Pferderasse der Welt?

Die argentinischen Fallabella-Pferde werden etwa vierzig Zentimeter groß und wiegen um die zwanzig Kilogramm.

Welches heute existierende Lebewesen hat das größte Auge?

Die Riesenkrake, mit einem Augendurchmesser von 40 Zentimetern.

Zu welcher Tierfamilie gehört der Eichelhäher?

Zu den Rabenvögeln.

Wie nennt man das Adlernest?

Horst.

Was ist die Höchstgeschwindigkeit eines Rennpferdes mit Reiter?

Der Rekord liegt bei 69,9 Stundenkilometern.

Wie alt können Katzen maximal werden?

Etwa 30 Jahre. Die Rekordkatze lebte 34 Jahre.

Zu welcher Tierfamilie gehört das Hermelin?

Zu den Mardern.

Was ist Krill?

Das sind winzige Krebse, die in ungeheuren Mengen durch die antarktischen Meere treiben. Krill bildet die Hauptnahrung der Wale und vieler anderer Lebewesen.

Was war am Pawlow'schen Hund so besonders?

Der russische Forscher Iwan Pawlow (1849 bis 1936) begründete die Lehre von den bedingten Reflexen. Menschen und Tiere reagieren durch Gewöhnung und Dressur auf Reize. Der Hund des Forschers beispielsweise fand heraus, dass es stets beim Erklingen einer Glocke Fressen gab. Wenn ein Hund Appetit hat, sondert er Speichel ab. Schließlich genügte es, die Glocke zu läuten, um dem Pawlow'schen Hund den Speichel im Maul zusammenfließen zu lassen – sein Fressen musste er gar nicht riechen oder sehen.

Aus welchen Ländern stammt die Tomate?

Aus Peru und Ecuador in Südamerika.

Wer hat den berühmten Hamburger Tierpark begründet?

Karl Hagenbeck (1844 bis 1913).

Was ist die wichtigste Getreideart Nordeuropas?

Der Roggen. Früher war alles normale Brot Roggenbrot. Der teure Weizen lieferte Mehl für das Weißbrot reicher Leute.

Woher stammt der Knoblauch?

Aus Indien. Dort ist Knoblauch seit 3000 Jahren bekannt.

Welche Farben haben die Blüten der Kartoffelstaude?

Weiß und Violett.

Was sind Pollen?

Blütenstaub.

Was ist das Ursprungsland der Sojabohne?

China. Dort und später in Japan wurden auch Techniken entwickelt, um aus Sojabohnen wohlschmeckende und nahrhafte Lebensmittel (z.B. Tofu und Miso) zu gewinnen. Im Westen wird die Sojabohne heute hauptsächlich als Viehfutter und als Ölsaat angebaut.

Was ist eine Mistel?

Eine Schmarotzerpflanze, die in der Krone von Bäumen (besonders von Eichen) gedeiht.

Woraus wird Gummi erzeugt?

Natürlicher Gummi wird aus der Milch des Gummibaums tropischer Gebiete hergestellt. Diesen Gummi nennt man auch Naturkautschuk.

Welcher Biologe führte die systematische Einteilung von Tieren und Pflanzen ein?

Carl von Linné (1707 bis 1778).

Wie heißen Unkrautvernichtungsmittel in der Fachsprache?

Herbizide.

Was sind Fungizide?

Chemische Pilzvernichtungsmittel. Die lateinische Endsilbe »-zid« hat immer mit »töten« zu tun (zum Beispiel: Suizid – Selbsttötung; Insektizid – Insektenvernichtungsmittel; Genozid – Völkermord).

Welche Bäume werden am höchsten?

Australische Eukalyptusbäume. Sie erreichen Höhen von 150 Metern.

Welche Orchideenart liefert ein für Eis und Kuchen häufig verwendetes Gewürz?

Die Vanille.

Zu welcher Pflanzenfamilie gehört die Quitte?

Zu den Rosengewächsen. Die gelben Früchte werden meist zu Gelee verarbeitet.

Woran kann man abzählen, wie alt ein Baum war?

An den Jahresringen des quer durchgesägten Baumstammes.

Was versteht man unter Hydrokultur?

Das Aufziehen von Pflanzen in einer wässrigen Nährlösung. Die Pflanzen beziehen dabei ihre Nahrung nicht aus der Erde, sondern in flüssiger Form aus dem Wasser, in dem sie stehen.

Wie lautet der deutsche Name für Anemone?

Windröschen.

Welches Rauschmittel wird aus Hanf gewonnen?

Haschisch (aus indischem Hanf). Aus heimischem Hanf besteht der »Knaster«, ein leichteres Rauschmittel, das sich unsere Vorfahren in den Tabak gemischt haben.

Wie nennt man abgestorbene Baumrinde?

Borke.

Welche Erlenarten kommen in Mitteleuropa vor?

Die Grauerle (im Gebirge) und die Schwarzerle (an Flussufern).

Wodurch wurde der Name des französischen Diplomaten Jean Nicot unsterblich?

Nicot führte 1560 die Tabakpflanze in Frankreich ein. Man nannte sie »herba nicotiana«, also Pflanze des Nicot. Davon kommt schließlich das Wort Nikotin für den im Tabak enthaltenen Wirkstoff.

Mit welchen Blumen ist der Spargel verwandt?

Mit den Lilien. Spargel gehört zu den Liliengewächsen (Liliazeen).

Wer entdeckte die Vererbungsgesetze von Pflanzen und Tieren?

Gregor Mendel (1822 bis 1884), ein Augustinermönch und genialer Botaniker.

Welcher in Europa vorkommende Pilz ist am giftigsten?

Der grüne Knollenblätterpilz.

Wie viele Kilogramm Rosenblätter braucht man, um ein Kilogramm Rosenöl zu gewinnen?

3000 Kilogramm, also drei Tonnen Rosenblätter.

Zu welcher Pflanzenart gehören die Seelilien?

Zu gar keiner Pflanzenart. Seelilien sind Tiere aus der Klasse der Stachelhäuter, die am Meeresboden festsitzen. Sie haben Stiel, Kelch und Arme.

Welche Farbe haben die Blätter der Rotbuche?

Grün, mit roten Adern. Die Buchen mit den wirklich rötlichen Blättern heißen Blutbuchen.

Wie heißt die leichteste Holzart?

Balsaholz.

Sind Algen Pflanzen oder Tiere?

Sie sind niedere Pflanzen, die zumeist im Wasser vorkommen. Es gibt etwa 8000 Arten von Algen; von Einzellern über fädige Formen bis zu Großtangen.

In welchen Pflanzen verbinden sich je eine Pilzart und je eine Algenart?

In den Flechten.

Wann blühen Moose?

Niemals. Moose sind blütenlose niedere Pflanzen.

Woraus wird unser Zucker hergestellt?

Aus Zuckerrüben oder Zuckerrohr. Das Zuckerrohr ist eine tropische Grasart. Vor 2500 Jahren entdeckten die Inder, dass man aus dem süßen Saft festen Zucker gewinnen konnte. Die Zuckerrübe ist eine erst 200 Jahre alte, also sehr moderne europäische Züchtung. Mit Zucker aus Zuckerrüben behalf man sich erstmals, als der französische Diktator Napoleon das europäische Festland von Importen aus Übersee absperrte, um seine Gegner in die Knie zu zwingen. Damit verhalf er ungewollt der kontinentalen Zuckerrübe zu ihrer Popularität.

Was versteht man unter Fruchtwechsel?

Wenn auf Feldern abwechselnd verschiedene Früchte (z.B. Getreide, Hackfrüchte oder Klee) angebaut werden, dann findet ein Fruchtwechsel statt. Mit diesem System wird der Boden fruchtbar gehalten. Zum Beispiel entzieht Getreide dem Boden den Stickstoff, den die Pflanzen zum Gedeihen brauchen. Doch Klee reichert den Boden wieder mit Stickstoff an. Die Vorteile des Fruchtwechsels wurden in Europa erst spät entdeckt, vor 400 Jahren in Holland. Zuvor hatte man ausgelaugte Felder erst einmal brachliegen (unbebaut liegen) lassen müssen.

Wo wachsen Binsen?

In Sümpfen und an sumpfigen Rändern von Gewässern. Binsen sind grasähnliche Pflanzen. Wenn etwas »in die Binsen geht«, dann ist es verloren.

Zu welcher Jahreszeit darf man das Edelweiß pflücken?

Überhaupt nie. Das Edelweiß steht unter strengem Naturschutz.

In welchem Land wurden erstmals Rosen als Zierpflanzen gezüchtet?

In Indien. Nach Europa, und zwar nach Griechenland, kam die Rose um das Jahr 750 v. Chr.

Sind Schwämme Tiere oder Pflanzen?

Sie sind niedere, mehrzellige Tiere. Schwämme haben offensichtlich keine Sinnesorgane, können jedoch auf Reize reagieren. Im Meer oder Süßwasser bilden sie feststehende Stöcke.

Wie viele Arten von Schwämmen gibt es?

Über 5000 Arten.

Welche Lebewesen bewirken, dass Alkohol entsteht?

Hefepilze. Sie brauchen als Nahrung Zucker, den sie in Alkohol und in Kohlensäure aufspalten.

Wie pflanzen sich Bakterien fort?

Durch Spaltung.

Was ist ein Hybridgewächs?

Eine Kreuzung aus Pflanzenarten, die miteinander eng verwandt sind. Unsere modernen Getreidesorten sind oft Hybriden. Sie haben viele wünschenswerte Eigenschaften, allerdings sind ihre Samen, die Getreidekörner, meist nicht keimfähig. Die Bauern müssen das Saatgut für die nächste Ernte wieder bei den Saatgutproduzenten kaufen und können es nicht auf dem eigenen Land ziehen.

Was heißt eigentlich »Ökologie«?

Haushaltslehre. Gemeint ist natürlich die Wissenschaft vom Naturhaushalt, also von den Beziehungen zwischen Lebewesen untereinander und zu ihrem Lebensraum.

Was sind die wichtigsten Getreidearten in warmen und in kühleren Klimazonen?

In warmen Ländern sind es Reis, Mais und Hirse, in kühleren Roggen, Hafer, Gerste und Weizen.

Was ist Quinoa?

Eine südamerikanische Getreideart.

Geschichte

Welches der sieben Weltwunder der Antike überdauerte als Einziges die Jahrtausende?

Die Pyramiden in Ägypten. Sie wurden vor 4500 Jahren als Grabmäler für die Pharaonen errichtet. Die Cheopspyramide erreicht als größte Pyramide eine Höhe von 147 Metern.

Welches der sieben Weltwunder wurde erst im Mittelalter durch ein Erdbeben zerstört?

Der Leuchtturm von Alexandria. Er war um das Jahr 270 vor unserer Zeit auf der Insel Pharos vor der ägyptischen Hafenstadt Alexandria errichtet worden. Der Turm war wahrscheinlich über 120 Meter hoch.

Was war die Goldene Horde?

Das mittelalterliche Großreich der Mongolen in Nord- und Westasien und in Osteuropa. Es existierte vom 13. bis ins 16. Jahrhundert.

Wie hieß die gigantische Bronzestatue des Sonnengottes Helios?

Koloss von Rhodos. Die wirklich kolossale Statue war 36 Meter hoch und dominierte von 280 vor unserer Zeit bis zum Jahr 244 die Hafeneinfahrt von Rhodos. Dann fiel sie einem Erdbeben zum Opfer.

Welche Skulptur war ganz aus Gold und Elfenbein gefertigt?

Die Statue des Zeus in Olympia. Das ungeheuer kostbare Bildnis stammte von der Hand des berühmten Bildhauers Phidias und war zwölf Meter hoch. Die Skulptur stand am Ort der ursprünglichen Olympischen Spiele.

Wie hieß der größte Tempel des antiken Abendlandes?

Der Artemistempel in Ephesus. Er war 120 Meter lang und bestand ganz und gar aus Marmor. Das Dach wurde von mehr als hundert jeweils 18 Meter hohen Säulen getragen. Die Bauzeit betrug 129 Jahre. Der Tempel hatte vom Jahr 350 vor Christus bis zum Jahr 262 Bestand, dann wurde er von Gotenkriegern zerstört.

Gehörte Otto von Bismarck der großdeutschen oder der kleindeutschen Richtung an?

Der kleindeutschen Richtung. Er zettelte sogar den Krieg Preußens gegen Österreich an (1866), um Deutsch-Österreich auszuschalten. Die großdeutsche Richtung dagegen war für einen demokratischen deutschen Staatenbund unter Einschluss Österreichs mit Frankfurt als Bundeshauptstadt eingetreten. Durch den preußischen Sieg über Österreich wurde Preußen die dominierende Macht in Deutschland; Berlin wurde später (1871) Reichshauptstadt.

Welchen Zweck hatten die Hängenden Gärten von Babylon?

Sie sollten eine aus dem Bergland stammende Ehefrau des babylonischen Königs Nebukadnezar an ihre Heimat erinnern. Der König ließ die Gartenanlagen im Flachland auf eine Höhe von fast 100 Metern aufbauen.

In welchen Teilen Europas hielten sich die Kelten am längsten?

In der Bretagne (Frankreich) und auf den Britischen Inseln, vor allem im schottischen Hochland, in Wales, Cornwall und in Irland. In diesen Gebieten wird teilweise noch heute eine keltische Sprache (Gälisch) gesprochen.

Welche Frau erhielt den ersten Friedensnobelpreis?

Die österreichische Schriftstellerin und Friedensaktivistin Bertha von Suttner (1905). Ihr berühmtes Werk hieß »Die Waffen nieder!«.

Welcher König sagte »Der Staat, das bin ich«?

Ludwig XIV. von Frankreich (1638 bis 1713). Im französischen Original sagte er »L'Etat c'est moi«. Diese Staatsauffassung, wonach ein König völlig unbeschränkt und nach eigenem Gutdünken regieren sollte, nennt man den Absolutismus.

Wie wurden die nordafrikanischen Karthager von den Römern genannt?

Punier.

Wann kamen die ersten deutschen Siedler nach Siebenbürgen?

Vor 800 Jahren.

Was geschah in der berüchtigten Bartholomäusnacht?

Der spätere König Heinrich IV. ließ in der Nacht des 24.8.1572 in Frankreich auf einen Schlag viele tausend Hugenotten ermorden.

In welcher Weltgegend gab es die ersten Staaten?

Im Nahen Osten. Es waren dies kleinere Stadtstaaten wie Jericho (7000 v. Chr.).

Wie hieß der erste Ministerpräsident des Staates Israel?

David Ben Gurion (1886 bis 1973). Das moderne Israel wurde 1948 gegründet.

Welches Bundesland trat 1957 in die Bundesrepublik Deutschland ein?

Das Saarland.

In welchem Jahr ging der Vietnamkrieg zu Ende?

Im Jahr 1975. Der Krieg zwischen Nordvietnam auf der einen Seite und Südvietnam und den Vereinigten Staaten auf der anderen Seite endete nach 18 Jahren mit dem Sieg des kommunistischen Nordvietnam, nachdem sich die USA seit 1973 mit ihren Truppen und ihrer finanziellen Unterstützung zurückgezogen hatten.

Was war die Boston Tea Party?

So nennen die Amerikaner das Ereignis, das 1773 den Beginn des Kampfes der amerikanischen Länder um die Unabhängigkeit von England markiert. Bei dieser »Teegesellschaft« hatten sich weiße Amerikaner, als Indianer verkleidet, an Bord eines britischen Handelsschiffes geschlichen und die dort gestapelten Teekisten ins Meer geworfen. Damit protestierten sie gegen die Entscheidung der englischen Regierung, amerikanische Kaufleute aus dem Teehandel zwischen Indien und Amerika auszuschließen. So geringfügig der Anlass war, so bedeutsam waren die Folgen.

Seit wann ist Australien ein eigener Staat?

Seit 1901. In diesem Jahr schlossen sich die verschiedenen Territorien zu einem Bund (Commonwealth of Australia) zusammen.

Wann wurde Amerika von England unabhängig?

Am 4. Juli 1776. An diesem Tag erklärten sich 13 nordamerikanische Staaten für frei und unabhängig. Diese Erklärung wurde inmitten eines mehrjährigen, blutigen Krieges abgegeben, der mit der Boston Tea Party begonnen hatte und der sich noch bis 1781 hinzog. Dann erst akzeptierten die Briten, dass ihnen Nordamerika nicht mehr gehörte. Der 4. Juli ist seitdem amerikanischer Unabhängigkeitstag.

Wer kämpfte gegen wen im so genannten Opiumkrieg?

England gegen China (1840 bis 1842). Die Chinesen hatten sich gegen den Import des Rauschgiftes Opium durch die Engländer gewehrt; die überlegene Militärmacht Englands erzwang jedoch die Öffnung der Grenzen. Der Opiumhandel machte die Chinesen süchtig und die Engländer reich. Außerdem fiel das Gebiet von Hongkong an die englische Krone.

Wer war Belsazar?

Der letzte König des Neubabylonischen Reichs (gestorben im Jahr 539 v. Chr.).

Wer war der Khedive?

Der osmanische (türkische) Vizekönig von Ägypten in der Zeit vor dem Ersten Weltkrieg.

Welche politische Bewegung stand unter dem Motto »Freiheit, Gleichheit, Brüderlichkeit«?

Die Französische Revolution von 1789. Auf Französisch lautete die Parole »Liberté, Egalité, Fraternité«.

Welcher ehemalige amerikanische Außenminister ist gebürtiger Deutscher?

Henry Kissinger (geboren 1923). Er war Mitglied der Regierung von Präsident Nixon.

Wo gab es die Cloaca Maxima?

Im alten Rom. So hieß der erste und größte Abwasserkanal, der die antike Millionenstadt entsorgte. An diesem Kanal war fünf Jahrhunderte lang – bis zur Zeitenwende – gebaut worden.

Welche Völkerschaften waren die ersten Siedler auf dem amerikanischen Kontinent?

Mongolische Völker, die über Nordostsibirien und Alaska in mehreren Wellen (um 14 000 bis 9000 v. Chr.) in Nordamerika eingewandert sind. Im Laufe der Jahrtausende entwickelten sich aus ihnen hunderte verschiedene Völker mit verschiedenen Sprachen und Kulturen, die sich bis zur Südspitze Südamerikas verbreiteten. Die europäischen Invasoren, die vor 500 Jahren auftauchten, hielten sie irrtümlich für Bewohner Indiens und nannten sie Indianer oder Indios.

Seit wann ist das Gebiet des heutigen New York von Menschen besiedelt?

Seit 5000 Jahren.

Wann gab es in Deutschland die ersten Familiennamen?

Vor 850 Jahren. Zuvor hatten die Menschen nur Vornamen und eventuell Beinamen. 1150 tauchten die ersten vererbbaren Familiennamen auf.

Wer war der legendäre Rote Baron?

Ein ebenso waghalsiger wie erfolgreicher deutscher Kampfflieger des Ersten Weltkriegs namens Manfred von Richthofen (1892 bis 1918).

Wo fanden die Rosenkriege statt?

In England. Die Rosenkriege (1455 bis 1485) waren ein blutiger Bürgerkrieg zwischen zwei Herrscherhäusern um den englischen Thron. Beide Geschlechter trugen in ihrem Wappen Rosen.

Wie heißen die beiden Begründer der Sozialdemokratischen Arbeiterpartei (SDAP)?

Wilhelm Liebknecht und August Bebel. 1875 vereinigte sich die SDAP mit dem Allgemeinen Deutschen Arbeiterverein zur Sozialistischen Arbeiterpartei Deutschlands (SAP). 1890 wurde die Partei als Sozialdemokratische Partei Deutschlands (SPD) wiedergegründet.

Welche Schwedin verdiente sich den Ehrennamen »Engel von Sibirien«?

Elsa Brandström. Als Abgeordnete des Roten Kreuzes setzte sie sich mutig und erfolgreich für die deutschen Kriegsgefangenen in den russischen Lagern des Ersten Weltkriegs ein.

Welcher altägyptische Herrscher ließ die größte Pyramide errichten?

Cheops (etwa 2500 vor Christus).

Welches Reich gründete Chlodwig I.?

Das Fränkische Reich. Chlodwig (466 bis 511) war König der salischen Franken.

Wo gab es die ersten Bierbrauereien?

Bei den Sumerern und Ägyptern vor etwa 5000 Jahren. Modernes Bier, dem Hopfen zugesetzt wird, wurde erstmals im Jahr 1437 gebraut, und zwar in Bayern.

Wie nennt man die Geschichtsepoche, die das europäische Mittelalter ablöste?

Renaissance. Das Wort bedeutet: Wiedergeburt. Gemeint ist die Wiedergeburt der Antike in Kunst und Philosophie.

Welcher Mord löste den Ersten Weltkrieg aus?

Das Attentat auf den österreichischen Thronfolger Franz Ferdinand am 28. Juni 1914 in Sarajewo.

Was waren die Ming?

Eine chinesische Kaiserdynastie. Sie herrschte von 1368 bis 1644.

Was war die »Weiße Rose«?

Eine Gruppe von Studenten an der Universität München, die während des Zweiten Weltkrieges gegen die nationalsozialistische Diktatur Widerstand zu leisten versucht hatte. Ihre Anführer waren die Geschwister Hans und Sophie Scholl. Sie und ihre Mitstreiter wurden hingerichtet.

Welcher europäische Diktator hatte die erste moderne Geheimpolizei?

Napoleon. Sein Polizeiminister hieß Joseph Fouché (1759 bis 1820). Fouché zog ein internationales System von Spitzeln, Agenten und Spionen auf. Kritische Stimmen oder gar organisierte Aufstände gegen das napoleonische Regime hatten kaum Chancen.

Wer sagte »Solange es Schlachthäuser gibt, wird es auch Schlachtfelder geben«?

Der russische Philosoph und Dichter Leo Tolstoi, Autor von »Krieg und Frieden«.

Wer war von 1949 bis 1963 Bundeskanzler der Bundesrepublik Deutschland?

Konrad Adenauer (1876 bis 1967).

Was war der Eiserne Vorhang?

So nannte man die waffenstarrende, für die Normalbürger des Ostblocks undurchdringliche Grenze zwischen den Staaten des ehemaligen Warschauer Paktes und den westeuropäischen Ländern. Diese Grenze fiel im Revolutionsjahr 1990. Eigentlich ist der eiserne Vorhang die bewegliche Feuerschutzwand, die in Theatern bei Feuergefahr den Zuschauerraum vom Bühnenraum trennen soll.

Welche US-Bundesstaaten traten als letzte offiziell den Vereinigten Staaten bei?

Alaska und Hawaii (offizielle Aufnahme 1959).

Wie starb König Ludwig II. von Bayern?

Er ertrank 1888 im Starnberger See. Die Umstände seines Todes wurden nie restlos geklärt.

Welche Länder gehörten dem Dreibund an?

Deutschland, Österreich-Ungarn und Italien. Der Dreibund wurde 1882 geschlossen; 1915, mitten im Ersten Weltkrieg, trat Italien jedoch aus und erklärte den ehemaligen Verbündeten den Krieg. Damit gehörte Italien nach dem Kriegsende zu den Siegern.

Seit wann gehört Südtirol zu Italien?

Seit 1918, dem Ende des Ersten Weltkriegs. Das geschlagene Österreich musste Südtirol abtreten, das seitdem politisch zu Italien gehört.

Wo befand sich die berühmteste Bibliothek der Weltgeschichte?

In der antiken ägyptischen Hafenstadt Alexandria.

Was waren die Mau-Mau?

Eine schwarze Unabhängigkeitsbewegung in Kenia in den Fünfziger- und Sechzigerjahren. Die Mau-Mau gingen mit Mord und Terror nicht nur gegen die damaligen englischen Kolonialherren vor, sondern auch gegen Schwarze, die nicht mit ihnen zusammenarbeiten wollten.

Wer war Boycott?

Ein englischer Gutsherr im Irland des vorigen Jahrhunderts. Er war Pächtern und Untertanen gegenüber so grausam, dass er von seiner ganzen Umgebung geächtet wurde; niemand lieferte ihm noch Waren, niemand kaufte ihm etwas ab. Von diesem Mr Boycott kommt die Bezeichnung für einen »Boykott«. Bei dieser politischen Kampfmaßnahme wird eine Person, ein Land oder ein Unternehmen aus dem normalen Umgang oder Geschäftsleben ausgeschlossen.

Welcher deutsche Politiker erhielt 1971 den Friedensnobelpreis?

Der ehemalige Bundeskanzler und SPD-Vorsitzende Willy Brandt (1913 bis 1992).

Was geschah mit Salvador Allende?

Der linksgerichtete chilenische Politiker gewann 1970 demokratische Wahlen in seinem Land, in dem normalerweise nur korrupte rechte Diktatoren an die Macht gelangten. Drei Jahre lang ließ ihn die Armee gewähren. Als die Reichen des Landes jedoch erkannten, dass es Allende mit seinen Reformen zugunsten der Armen ernst meinte, putschte das Militär mithilfe des amerikanischen Geheimdienstes. Allende wurde ermordet und General Pinochet errichtete ein 16 Jahre währendes Terrorregime.

Wie heißt der Außenminister, der weltweit am längsten im Amt war?

Hans-Dietrich Genscher, von 1974 bis 1992 Außenminister der Bundesrepublik Deutschland.

Was geschah in der Reichskristallnacht?

In der Nacht vom 9. zum 10. November 1938 organisierten die Nationalsozialisten überall in Deutschland Anschläge auf jüdische Bürger und auf jüdisches Eigentum. Zahlreiche Menschen wurden ermordet, Geschäfte wurden verwüstet, und Synagogen wurden in Brand gesteckt. Diese Ereignisse markierten den Beginn der systematischen Judenverfolgung im nationalsozialistischen Deutschland.

Welchen Beruf hatte Friedrich Engels?

Er war Fabrikant.

Welcher Ausländer wurde in Deutschland Reichskanzler?

Adolf Hitler. Er war ein gebürtiger Österreicher.

Wer teilte 1493 Amerika zwischen Spanien und Portugal auf?

Papst Alexander VI. Den christlichen Europäern war völlig klar, dass die von ihnen entdeckten – das heißt eroberten – Länder Amerikas einem europäischen Herrscher zufallen mussten. Dass die amerikanischen »Heiden« eigene Rechte hätten haben können, kam ihnen gar nicht in den Sinn. Als oberste Instanz der Christenheit zog der Papst eine Linie von Pol zu Pol und entschied, welche Gebiete Spanien und welche Länder Portugal zufallen sollten.

Wie und wann kam Alaska zu den Vereinigten Staaten von Amerika?

Im Jahr 1867 kauften die Amerikaner dem russischen Zaren ganz Alaska für 7,2 Millionen Dollar ab.

Technik

Was ist ein Prototyp?

Das erste Exemplar seiner Art, das als Vorbild für weitere Exemplare dient. In der Technik werden von Maschinen zuerst Prototypen gebaut und getestet, bevor die Produktion in Serie geht.

Wie heißt der Erbauer des 1913 gebauten ersten großen Flugzeuges?

Igor Sikorski. Das Flugzeug hatte eine Spannweite von 28 Metern und seine vier Motoren leisteten jeweils 100 PS. Der Russe Sikorski, der später in den USA lebte und arbeitete, gilt auch als Erfinder des ersten leistungsfähigen Hubschraubers.

Der Begriff Radar ist die Abkürzung wofür?

Für »Radio Detecting and Ranging« – Aufspüren und Orten durch Radiowellen. Beim Radar wird das Echo von Funksignalen ausgewertet, um Objekte zu ermitteln.

Wie schnell kann ein Jumbo-Jet (Boeing 747) maximal fliegen?

965 Stundenkilometer.

Wer schoss die ersten Luftaufnahmen?

Der Franzose Felix Tournachon im Jahr 1858. Die Luftbilder entstanden während eines Ballonflugs über Paris. Heute werden Luftaufnahmen nicht nur von Flugzeugen aus, sondern vor allem auch von Satelliten aus gemacht.

Wie wird beim Countdown gezählt?

Von hinten nach vorne. Der Countdown (wörtlich: das Runterzählen) ist die zurückschreitende Zeitansage vom Beginn der Vorbereitungen bis zum Start von Raketen. Bei »Zero« (Null) erfolgt der Start.

Was ist der Unterschied zwischen einem Wasserhahn und einem Wasserventil?

Ein Hahn sperrt den Wasserfluss komplett und in beide Richtungen ab. Ein Ventil sperrt entweder nur in eine Richtung (Rückschlagventil), oder aber es gibt den Leitungsweg unter bestimmten Bedingungen frei – zum Beispiel als Überdruck- oder Sicherheitsventil, wenn der Druck zu stark wird.

Wie hieß der Erfinder des Luftreifens für Fahrräder?

John B. Dunlop (1840 bis 1921).

Wozu braucht man ein Echolot?

Hauptsächlich zum Messen von Wassertiefen. Gemessen wird die Laufzeit des Schalls bis zum Eintreffen des Echos; daraus wird die Entfernung berechnet. Mit Echolots spürt man im Meer auch Fischschwärme auf. Verschiedene Tierarten – zum Beispiel Delfine oder Fledermäuse – orientieren

sich mithilfe des Echolotverfahrens und leisten dabei mit ihren natürlichen Organen tausendfach mehr als modernste technische Echolotapparate.

Wie heißt der Erfinder des Revolvers?

Samuel Colt (1835).

Welches Metall hat den tiefsten, welches den höchsten Schmelzpunkt?

Quecksilber ist ein Metall, das schon bei Zimmertemperatur flüssig ist. Von den »normalen« Metallen schmilzt Blei schon bei 327 °C, Wolfram hingegen erst bei 3410 °C.

Wie nennt man ein ausgewalztes Stück Metall?

Blech.

Aus welchen Metallen besteht Messing?

Aus Kupfer und Zink.

Woraus besteht Stanniolpapier?

Aus hauchdünn ausgewalztem Zinn. Stanniol ist also eigentlich ein Stück Blech.

Eigentlich ist der Ausdruck »Rundfunk« längst überholt und sachlich falsch. Warum?

Weil man heute keine Funkensender, sondern Röhrensender verwendet.

Woraus besteht Beton?

Aus Zement, Sand, Kies und Wasser. Zement wiederum besteht aus Kalk, Ton und Gips.

Wo liegt das Heck eines Schiffes?

Am hinteren Ende.

Was bewegt eigentlich den Kolben eines Verbrennungsmotors?

Die sich ausdehnenden Gase, die durch die Verbrennung des Treibstoffs im Zylinder entstehen.

Auf welcher Seite liegen Backbord und Steuerbord?

Backbord liegt links, Steuerbord rechts.

Bei welcher Temperatur wird Luft flüssig?

Bei minus 140,7 °C.

Wo kann sich ein Amphibienfahrzeug überall bewegen?

Am Lande und zu Wasser. Das Wort ist von den Amphibien abgeleitet. Diese Tiere können in beiden Elementen leben. Das ist auch die wörtliche Übersetzung: »In beidem leben«.

Was brütet ein »Schneller Brüter« aus?

Neue spaltbare Produkte. Ein Brutreaktor oder Schneller Brüter erzeugt nicht nur Energie, sondern auch frischen atomaren Brennstoff. Diese Technik wurde in Deutschland aufgegeben, weil sie sich als zu teuer, zu gefährlich, zu störanfällig und außerdem als überflüssig erwies. In Frankreich hingegen sind Schnelle Brüter am Werk.

Welche Kunstfaser wurde 1939 in Deutschland entwickelt?

Perlon.

Welchen Sinn hat es, eine Erfindung patentieren zu lassen?

Ein Patent schützt eine Idee (als geistiges Eigentum) davor, von anderen übernommen und für eigene Zwecke ausgenützt zu werden. Nur der Inhaber eines Patentes darf seine patentierte Idee oder Erfindung wirtschaftlich verwerten, so wie auch nur der Autor eines Buches bestimmen kann, wer es zu welchen Bedingungen drucken und verkaufen darf.

Was ist eine grüne Welle im Straßenverkehr?

Wenn die Verkehrsampeln so geschaltet sind, dass Fahrzeuge, die mit einer vorgeschriebenen gleich bleibenden Geschwindigkeit unterwegs sind, bei Kreuzungen stets auf grünes Licht treffen, spricht man von einer grünen Welle. Die erste grüne Welle in Deutschland gab es 1953 in München.

Wer baute 1927 das erste Flugzeug, das voll und ganz aus Metall bestand?

Hugo Junkers (1859 bis 1935).

Was misst ein Manometer?

Den Druck von Gasen (z. B. den Luftdruck in Autoreifen) und von Flüssigkeiten, etwa den Wasserdruck in bestimmten Meerestiefen.

Welche Besonderheit hat eine Bilux-Glühlampe?

Sie hat zwei Glühfäden, die getrennt voneinander zum Aufleuchten gebracht werden können. Das lateinische Wort »bi« bedeutet zweifach, »lux« heißt Licht. In Autoscheinwerfern sind Bilux-Lampen eingebaut.

Wie nennt man den Vorgang, wenn ein Bild vergrößert auf eine Leinwand geworfen wird?

Projektion.

Was leistet ein Adapter?

Ein Adapter ist ein Zusatz oder ein Verbindungsstück, das den Zusammenschluss verschiedener Geräte ermöglicht. Oder er sorgt dafür, dass man Elektrogeräte an die verschieden genormten Steckdosen anderer Länder anschließen kann. »Adaptieren« heißt so viel wie anpassen.

Wo fuhr das sowjetische Fahrzeug namens Lunochod herum?

Auf dem Mond. Es war von der Erde aus ferngesteuert.

Was ist das ganz Besondere am Passagierschiff Queen Victoria?

Es ist mit 314 Metern Länge und 83 000 Bruttoregistertonnen das größte Passagierschiff aller Zeiten.

Welcher deutsche Raketentechniker gilt als erster Theoretiker der Weltraumfahrt?

Hermann Oberth.

Wie heißt die größte Fluglinie der Welt?

American Airlines.

Welcher berühmte Zug fuhr auf der Bahnlinie Paris–Konstantinopel?

Der Orientexpress. Die Bahnverbindung wurde im Jahr 1888 eröffnet.

Was ist ein Haarriss?

Das ist ein feiner, mit bloßem Auge gar nicht wahrnehmbarer Riss in einem Werkstoff. Haarrisse treten auf, wenn das Material seine Elastizität verliert und spröde wird.

Wie viele Passagiere kann ein Jumbo-Jet (Boeing 747) aufnehmen?

516 Passagiere.

Woher kommt der Name »Flinte« für ein Gewehr?

Früher wurde das Pulver in Gewehren durch einen Feuerstein (Flintstein) gezündet. Die Technik hat sich verändert, der Name ist geblieben. Flinten nennt man heute Jagdgewehre mit einem glatten Lauf, mit denen Jäger Schrot verschießen.

Was ist in der Waffentechnik ein Drilling?

Ein Gewehr mit drei Läufen: zwei für Schrotpatronen, einer für Kugelpatronen.

Was ist Weißgold?

Das ist Gold, dem eine bestimmte Menge Silber und Kupfer beigemengt wurde. Weißgold sieht so ähnlich wie Silber aus.

Was war das Griechische Feuer der antiken Seestreitkräfte?

Eine leicht entzündliche Substanz, die auf dem Wasser weiterbrennt. Damit konnten feindliche Schiffe in Brand geschossen werden. Die Zusammensetzung dieses »chemischen Kampfstoffes« wurde als militärisches Geheimnis gehütet und ist heute noch nicht bekannt.

Was war das Ziel des amerikanischen Apollo-Programms?

Die Vorbereitung und Durchführung von bemannten Mondflügen.

Wodurch unterscheidet sich Löten von Schweißen?

Beim Löten werden zwei Metallstücke durch ein geschmolzenes fremdes Metall (z.B. durch Lötzinn) miteinander fest verbunden. Beim Schweißen wird das Metall selbst aufgeschmolzen.

Was wird in einem Planetarium simuliert?

Die Bewegung der Sterne.

Was ist eine Initialzündung?

Die Zündung einer kleinen, leicht entzündlichen Sprengstoffladung. Damit werden andere, schwerer zündbare Ladungen zur Explosion gebracht.

Wie heißt eine spitz geschliffene Injektionsnadel?

Kanüle.

Was ist nach Ablauf der Halbwertszeit geschehen?

Die Hälfte der ursprünglich vorhandenen Anzahl von radioaktiven Atomen ist zerfallen.

Was ist ein Heliograf?

Ein Fernrohr, mit dessen Hilfe man die Sonne fotografieren kann. Das griechische Wort »Helios« heißt Sonne.

Was erfand 1931 der Amerikaner Jacob Schick?

Den elektrischen Rasierapparat.

Was bewirkt ein Relais?

Es schaltet einen Stromkreis mithilfe eines zweiten, unabhängigen Stromkreises ein und aus. Ein Relais ist also ein (über eine eigene Leitung) ferngesteuerter elektromagnetischer Schalter.

Was ist ein Jet?

Ein Düsenflugzeug (genauer: ein Flugzeug mit Strahltriebwerk). Das englische Wort »jet« bedeutet Strahl.

Wie nennt man ein Fahrzeug, das auf Gliederketten und nicht auf Rädern fährt?

Raupenfahrzeug. Solche Geräte werden als Baumaschinen, als Zugmaschinen und als Panzer eingesetzt.

In welchem Land wurde zum ersten Mal systematisch nach Erdöl gebohrt?

Gleichzeitig (1859) in Pennsylvania (USA) und im Kaukasusgebiet (Russland).

Wie lautet der exakte technische Name für ein Düsentriebwerk?

Strahltriebwerk.

Aus welchem Material bestand die allererste Schreibmaschine der Welt?

Aus Holz. Sie wurde 1864 vom Österreicher Peter Mitterhofer gebaut.

Wie schnell kann die Concorde fliegen?

2180 Stundenkilometer. Die Concorde ist ein Überschall-Passagierflugzeug.

Was ist die Ariane?

Die europäische Trägerrakete. Mit ihrer Hilfe werden Satelliten in die Umlaufbahn um die Erde geschossen.

Was geht in einer Raffinerie vor?

Hier werden Naturstoffe (z.B. Rohöl) gereinigt, umgewandelt und veredelt. Raffinieren heißt eigentlich verfeinern. Ein raffinierter Mensch benutzt keine groben, sondern verfeinerte – klug durchdachte – Methoden, um seine Ziele zu verfolgen.

Was unterscheidet eine Limousine von einem Cabriolet?

Ein Personenwagen mit einem festen Dach ist eine Limousine. Das Cabrio hat ein abnehmbares Verdeck.

Was hat Carl von Linde erfunden?

Den Kühlschrank. Der deutsche Ingenieur (1842 bis 1934) gilt als Begründer der Kältetechnik. Ihm gelang als Erstem die Verflüssigung von Luft durch starke Abkühlung. Dazu musste er Temperaturen von weniger als minus 1040 °C erreichen.

Wie hieß das Luftschiff, das im Jahr 1929 zum ersten Mal die Welt umflog?

Das war die »Graf Zeppelin« mit Kapitän Hugo Eckener. Die Reisestrecke betrug fast 50 000 Kilometer.

Was ist ein Bit?

Die kleinste Informationseinheit in der Datenverarbeitung.

Wofür steht die Abkürzung 4WD?

4-Wheel-Drive – Vierradantrieb.

Was entdeckte der französische Physiker Henri Becquerel?

Die natürliche Radioaktivität. Das war im Jahr 1896. Ein Maß für radioaktive Strahlung ist nach ihm benannt.

Zwischen welchen Städten fuhr in Deutschland die erste Dampflok?

1835 zwischen Nürnberg und Fürth.

Welcher Mensch flog als Erster schneller als der Schall?

Der Amerikaner Charles Yeager. 1947 erreichte er in einem Düsenflugzeug erstmals Überschallgeschwindigkeit.

In welchem Land ging das erste Atomkraftwerk der Welt in Betrieb?

In Russland (Obnisk bei Moskau).

Wofür steht die Abkürzung GAU?

Für Größter Anzunehmender Unfall. Damit ist ein Störfall in einem Atomkraftwerk mit katastrophalen Auswirkungen gemeint. In Tschernobyl hat 1986 ein GAU stattgefunden.

Was ist der Unterschied zwischen Hardware und Software bei Computern?

Hardware – die »harten« Teile – ist das Gerät selbst. Software – die »weiche« Ware – ist das Programm, das dem Computer sagt, was er wann unter welchen Bedingungen zu tun hat. Software ist »weich«, weil sie immer wieder verändert werden kann.

Wie nennt man elektrische Spannung, die höher ist als 1000 Volt?

Hochspannung.

Wie viel Volt fließen durch eine Hochspannungsleitung?

Bis zu 765 000 Volt.

Von welchem Wort kommt die Bezeichnung »Fax-Gerät«?

Von Faksimile – genaue Nachbildung oder Nachzeichnung. Ein Faksimile (lateinisch: das Gleiche machen) sieht so aus wie die jeweilige Vorlage. »Fax« ist die Kurzbezeichnung für ein Fernkopiergerät.

Was ist ein Lot?

Das ist ein Stück Metall (meistens Blei), das an einem Faden hängt. (Das Lot ist auch eine alte Gewichtseinheit, nämlich ein dreißigstel Pfund.) Handwerker bestimmten früher so die Senkrechte. In der Schifffahrt stellte man mit dem Lot die Wassertiefe fest. Davon kommt der Ausdruck »etwas ausloten«.

Wodurch wurde der Nürnberger Uhrmacher Peter Henlein berühmt?

Er baute 1504 die erste Taschenuhr der Welt, das Nürnberger Ei.

Welcher Schifffahrtskanal verbindet den Atlantik mit dem Pazifik?

Der Panamakanal (erbaut 1914).

Wer baute zum ersten Mal eine funktionsfähige elektrische Batterie?

Der Italiener Alessandro Volta (1745 bis 1825). Nach ihm ist die Maßeinheit für Stromspannung (Volt) benannt.

Was entdeckte der Physiker Heinrich Hertz?

Die elektromagnetischen Wellen. Nach ihm ist die Maßeinheit für Schwingungen (Hertz, Kilohertz, Megahertz) benannt.

Wie hießen die typischen Handelsschiffe der mittelalterlichen Hanse?

Koggen.

Wie heißt der Teil eines Flugzeugs, in dem der Pilot sitzt?

Cockpit.

Wer erfand den Telegrafen?

Samuel Morse (1791 bis 1872). Er entwickelte auch das Morsealphabet zur Übertragung von Texten.

Welcher Erfinder besaß die meisten Patente?

Thomas Alva Edison (1847 bis 1931). Auf sein Konto gingen etwa 2000 Erfindungen, darunter die Glühbirne und das Grammofon. Edison baute auch das erste Elektrizitätswerk der Welt.

Wer erfand den Wankelmotor?

Der Deutsche Felix Wankel (1957). Der nach ihm benannte Motor heißt in technischer Sprache Kreiskolbenmotor.

Was ist ein Halbleiter?

Eine Substanz, die Strom nur unter bestimmten Bedingungen leitet. In der Mikroelektronik verwendet man als Halbleiter normalerweise Silicium.

Was ist ein Monitor?

Der Bildschirm eines Computers. Wörtlich übersetzt heißt Monitor »Überwacher«.

Wie nennt man eine aus Tastatur und Bildschirm bestehende Computereinheit?

Terminal. In Computernetzen teilen sich verschiedene Terminals die Zentraleinheit (den eigentlichen Computer), den Massenspeicher und den Drucker.

Welcher Teil eines Computerspeichers kann vom Anwender nicht verändert werden?

Der ROM-Speicher. ROM ist die Abkürzung für »Read Only Memory«, also »Nur-Lese-Speicher«. Im ROM befinden sich die systeminternen Informationen.

Wofür steht die Abkürzung RAM?

Random Access Memory (Freier Zugriff auf den Speicher). Der RAM-Speicher eines Computers enthält die Arbeitsprogramme und die aktuellen Daten.

Was macht die CPU eines Computers?

Die Central Processing Unit (zentrale Verarbeitungseinheit) ist der eigentliche Computer, sie ist für die Datenverarbeitung zuständig.

Wie nennen Computerfachleute ihre Tastatur?

Keyboard.

Was ist Input?

Eine Eingabe in den Computer mit Eingabegeräten (zum Beispiel Tastatur, Joystick, Lightpen, Maus).

Was ist ein Byte?

Eine aus acht Bits bestehende Speichereinheit. Ein Bit ist die kleinste mögliche Informationseinheit, sie entscheidet ja/nein oder Spannung/keine Spannung. Acht Bits reichen aus, um einen Buchstaben oder eine Ziffer zu definieren.

BASIC ist die wohl populärste Programmiersprache. Woher kommt das Wort?

Es ist die Abkürzung für »Beginner's All-purpose Symbolic Instruction Code« – etwa: »Anfänger-Allzweck-Code für symbolische Anweisungen«.

Religion

Wie heißt die japanische Nationalreligion?

Schintoismus. Seine Anhänger verehren viele Götter, darunter Naturgötter. Eine besondere Rolle spielt der japanische Kaiser, dessen Abstammung auf die Sonnenkönigin zurückgeführt wird.

Welchen Orden gründete Franz von Assisi?

Den Franziskanerorden (1210). Die Franziskaner wandten sich gegen die Machtpolitik des Papstes und traten für einen einfachen Lebensstil ein.

Wie heißt der höchste jüdische Feiertag?

Jom Kippur (Versöhnungstag). Er wird im September oder Oktober gefeiert.

Wer ist der Dalai Lama?

Das religiöse und politische Oberhaupt der Tibeter. Seit der Besetzung Tibets lebt er im Exil.

Welche Frau wurde im Jahr 1431 als Hexe verbrannt und 1920 heilig gesprochen?

Jeanne d'Arc, die Jungfrau von Orléans. Sie ist die Nationalheldin Frankreichs. Ihr Auftreten bewirkte den Sieg Frankreichs gegen England im Hundertjährigen Krieg. Sie wurde jedoch beschuldigt, die Engländer verhext zu haben. Später glaubte man, Gott habe durch Johanna eingegriffen.

Wie heißt der Gründer des Taoismus?

Laotse, ein um das Jahr 500 vor unserer Zeit wirkender Weiser. »Tao« ist der Weg, auf dem Menschen zur inneren Harmonie finden können.

Welche christliche Kirche hat 1947 den Friedensnobelpreis erhalten?

Die Gesellschaft der Freunde, meist Quäker genannt. Quäker haben viel dazu beigetragen, die Not im Europa der Nachkriegszeit durch Spenden und praktische Hilfe zu lindern.

Woher kommt der Name der Quäker?

Der Name dieser protestantischen Sekte ist eigentlich ein Spottname; das englische Wort »quaker« heißt Zitterer. Frühe Quäker gerieten bei Gottesdiensten mitunter in Verzückung und ins Zittern.

Wie viele Päpste hießen Johannes?

23. Man muss gar nicht nachzählen, sondern nur herausfinden, der »Wievielte« der letzte Papst mit Namen Johannes war. Und das war Johannes XXIII. (von 1958 bis 1963). Auf seine Initiative kam das reformfreudige II. Vatikanische Konzil zustande.

Was ist ein Dogma?

Ein Glaubenssatz, an dem nicht gezweifelt werden darf. Die meisten Religionen, aber auch politische Systeme wie der Kommunismus haben Dogmen. Wer ein Dogma anzweifelt, schließt sich aus der Gemeinschaft der Gläubigen aus.

Was unterscheidet die Altkatholiken von der römisch-katholischen Kirche?

Im Jahr 1871 verkündete der Papst seine eigene Unfehlbarkeit. Daraufhin trennten sich viele Katholiken und gründeten ihren eigenen Zweig, den sie den altkatholischen nannten. Sie wollten sich nicht der Macht des Papstes unterwerfen.

Wer war der Herr der Unterwelt in der antiken griechischen bzw. römischen Religion?

Hades oder Orkus.

Welche Weltreligion hat keinen namentlich bekannten Stifter?

Der Hinduismus oder Brahmanismus in Indien.

Was ist eine Gloriole?

Ein Heiligenschein.

Welche Religionen verkünden die Wiedergeburtslehre?

Die hinduistischen Lehren, aber auch manche christliche Sekte wie zum Beispiel die Anthroposophie.

Wie nennt man eine religiöse Lehre, die nur Eingeweihten zugänglich ist?

Eine esoterische Lehre.

Was bedeutet das Wort »Yoga«?

Eigentlich Selbstdisziplin. Das Sanskritwort hängt mit dem deutschen Wort »Joch« zusammen. Ein Yogi ist jemand, der sich selbst bezähmt. In Europa versteht man unter Yoga meistens ein System von körperlich-geistigen Übungen.

Wer war die Pythia?

Die Priesterin des Orakels in Delphi im antiken Griechenland. Wer vor größeren Unternehmungen stand, holte sich gerne den Rat des Orakels ein. Es gab, ähnlich wie ein Horoskop, verschlüsselte Auskünfte über Chancen und Gefahren der Zukunft.

Wo ist die Schwarze Madonna zu sehen?

Im berühmten polnischen Wallfahrtsort Tschenstochau.

Wer ist Morpheus?

Der griechische Gott des Traumes. Wer in Morpheus' Armen liegt, der träumt. Von Morpheus kommt auch der Name des Rauschgiftes Morphium. Wer es einnimmt, hat keine Schmerzen, schläft tief und hat bunte Träume. Allerdings kann er süchtig werden und an seiner Morphiumsucht zugrunde gehen.

Wer ist das Oberhaupt der anglikanischen Kirche?

Der englische König oder die Königin.

Wo leben die Anhänger der Sikh-Religion?

In Indien, vor allem im Bundesstaat Pandschab. Es gibt etwa sechs Millionen Sikhs.

Was heißt »Madonna« eigentlich?

»Meine Herrin«. Das Wort kommt aus dem Italienischen. Gemeint ist Maria, dem christlichen Glauben nach die Mutter von Jesus Christus, der wiederum als Sohn Gottes angesehen wird. Madonnendarstellungen zeigen meistens die Muttergottes mit dem Jesuskind. Es ist verständlich, dass sich viele Menschen durch eine Rocksängerin namens Madonna provoziert fühlen.

Wie nennt man eine Gruppe von Gläubigen, die sich von ihrer Hauptgruppe abspaltet?

Sekte. Die großen christlichen Glaubensgemeinschaften (Katholiken und Protestanten) nennen sich selbst Kirchen und sprechen von kleineren Gruppen Andersgläubiger als Sekten.

Wo brennt das Ewige Licht?

In jeder katholischen Kirche. Es brennt ohne Unterbrechung vor dem Altar.

Wie lautet die wörtliche Übersetzung von Evangelium?

Frohe Botschaft.

Wer schrieb den Koran?

Mohammed (570 bis 632), der Gründer des Islam. Er behauptete, Gott habe ihm eingegeben, was er, Mohammed, aufschreiben solle.

Was ist ein Pastor?

Ein protestantischer (in manchen Gegenden auch katholischer) Seelsorger. Das lateinische Wort Pastor heißt auf Deutsch Hirte.

Was passierte unter der Weltesche Yggdrasil?

Dort sprachen die Götter der nordisch-germanischen Religion Recht.

Woher kommt die Bahai-Religion?

Aus Persien, wo sie vor 200 Jahren als alles umfassende Weltreligion gegründet wurde. Ihre Anhänger glauben an die spirituelle Einheit der Menschheit und an den Weltfrieden durch Religion und Wissenschaft. Bahais werden in vielen Ländern der Welt grausam verfolgt.

Die Parole moslemischer Politiker lautet »Allahu Akbar«. Was heißt das auf Deutsch?

»Allah ist größer.«

Was sind die Furien?

Die Rachegöttinnen der altrömischen Religion.

Was ist eine Kollekte?

Eine Geldsammlung in einer Kirche.

Welcher christliche Missionar gilt als der Apostel der Deutschen?

Der heilige Bonifatius. Er wurde im Jahr 754 von den heidnischen Friesen erschlagen, nachdem er sich an germanischen Heiligtümern vergangen hatte.

Wie hieß die weibliche Hauptgöttin der Babylonier?

Ischtar.

Was tranken und aßen die sagenhaften Götter der alten Griechen auf dem Olymp?

Nektar und Ambrosia.

Was ist eine Enzyklika?

Das Rundschreiben des Papstes an seine Bischöfe, in dem das Oberhaupt der römisch-katholischen Kirche die päpstlichen Auffassungen in Glaubensfragen verkündet.

Was trägt der römische Meeresgott Neptun (griechisch: Poseidon) in der Hand?

Den Dreizack.

Welche beiden Weltreligionen haben die meisten Anhänger?

Christentum (etwa 1120 Millionen) und Islam (600 Millionen).

Was ist die Tiara?

Die Krone des Papstes.

Was ist der Advent?

Im Christentum die vier Wochen vor dem Weihnachtsfest. Advent kommt aus dem Lateinischen und heißt eigentlich Ankunft. Gemeint ist die Ankunft, nämlich die Geburt von Jesus Christus. In der Adventszeit sollten sich Christen auf dieses weihnachtliche Ereignis innerlich vorbereiten.

Wie hießen die Priester der vorchristlichen keltischen Religion?

Druiden.

Wer war Konfuzius?

Ein chinesischer Denker, der etwa 500 vor unserer Zeit lebte. Seine Lehre prägte die chinesische Auffassung vom bestmöglichen Zusammenleben der Menschen. Konfuzius forderte vor allem Rechtschaffenheit, Pflichterfüllung und Respekt vor dem Alter und vor den Vorgesetzten.

Wo liegt Niflheim?

In der Unterwelt. Niflheim ist das nebelhafte Reich der Toten in der germanischen Religion.

Was sind Brahmanen?

Die Angehörigen der obersten Kaste, der Priesterkaste, im Hinduismus. Brahmane kann man nur durch Geburt werden und nicht durch besondere Leistungen.

Woher haben die Baptisten ihren Namen?

Von ihrer Taufzeremonie. Die protestantische Glaubensgemeinschaft der Baptisten (griechisch: Täufer) glaubt, dass nur derjenige richtig getauft ist, der sich als Erwachsener voll und ganz im Taufwasser untertauchen lässt.

Wo leben die meisten Kopten?

In Ägypten. Koptische Christen gehören dem orthodoxen Zweig des Christentums an.

Was heißt orthodox?

Rechtgläubig. Die orthodoxen christlichen Kirchen sind aus der oströmischen Reichskirche hervorgegangen und haben sich vor fast 1000 Jahren endgültig von der römisch-katholischen Kirche getrennt.

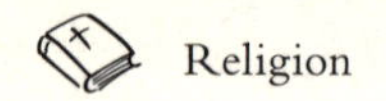

In welcher Religion glaubt man nicht an eine unsterbliche Seele?

Im Buddhismus.

Sport

Wie groß etwa sollte ein guter Golfplatz (mit achtzehn Bahnen) sein?

Etwa 50 Hektar. Das ist größer als ein durchschnittlicher Bauernhof.

Aus welchem Land stammt das Golfspiel?

Aus Schottland.

Was hat ein Spieler zu tun, der die rote Karte sieht?

Er muss das Spielfeld verlassen. Die rote Karte zückt der Schiedsrichter meistens dann, wenn ein Spieler wiederholt gegen Regeln verstößt oder aber ein besonders brutales Foul begangen hat.

Woraus bestand der Fünfkampf bei den Olympischen Spielen der alten Griechen?

Aus dem Lauf über ein Stadion (das sind etwa 190 Meter), Weitsprung, Diskuswerfen, Speerwerfen und Ringen.

Aus welchen Wettbewerben besteht der moderne olympische Fünfkampf?

Aus 4000-m-Lauf, 300-m-Freistilschwimmen, Degenfechten, Springreiten und Pistolenschießen.

Welchen Langstreckenläufer nannte man die »tschechische Lokomotive«?

Emil Zatopek. Er beherrschte in den Fünfzigerjahren den Langstreckenlauf. Der Spitzname bezog sich auf Zatopeks unglaubliche Ausdauer, aber auch auf seinen Laufstil mit den stoßenden Armbewegungen.

Wann hat ein Boxer seinen Kampf durch K. o. gewonnen?

Wenn der Gegner zu Boden geht und es nicht schafft, innerhalb von zehn Sekunden wieder kampfbereit zu sein.

Was sind Amateure?

Sportler, die ihr Geld in einem »normalen« Beruf und nicht durch ihren Sport verdienen, sind Amateure – wörtlich »Liebhaber«. Die ursprüngliche Idee der Olympischen Spiele sah vor, nur Amateure (und keine Profis) an den Wettkämpfen teilnehmen zu lassen.

Welcher Wettbewerb beendet traditionellerweise die Olympischen Sommerspiele?

Der Mannschaftswettbewerb der Springreiter, der so genannte »Preis der Nationen«.

Bei welchem Ballspiel ist das Spielfeld am größten?

Beim Polo. Es erstreckt sich über 280 Meter Länge und 180 Meter Breite.

Wie groß ist ein Tor beim Hallenhandball?

Zwei Meter hoch und drei Meter breit.

Seit wann gibt es in Europa das Kegelspiel?

Seit dem Hochmittelalter. Erstmals erwähnt wurde das Kegelspiel im Jahr 1157.

Woher hat der Marathonlauf seinen Namen?

Vom griechischen Ort Marathon, der 42 Kilometer von Athen entfernt liegt. Von Marathon aus startete im Jahr 490 vor Christus ein Bote, um den Athenern die Nachricht vom Sieg ihres Heeres über die persische Streitmacht zu überbringen. Nachdem er den Athenern die gute Nachricht mitgeteilt hatte, brach er vor Erschöpfung tot zusammen. Die heutige Marathonstrecke ist exakt 42 195 Meter lang.

Wo fanden 1896 die ersten modernen Olympischen Spiele statt?

In Athen.

Wann wurde zum ersten Mal Basketball gespielt?

Vor etwas über hundert Jahren, im Dezember 1891. Erfunden wurde es von dem Sportlehrer James Nesmith, dem der normale Turnunterricht zu langweilig war. Anfangs bestand der Korb aus Pfirsichkisten, die an die Wand gehängt wurden. Nach jedem Treffer musste man den Ball mit einer Leiter aus dem Korb holen. Das unten offene Netz, durch das der Ball fallen konnte, kam erst zwei Jahre später auf.

Wie heißt die berühmte Autorennstrecke in der Eifel, die schon 1927 eröffnet wurde?

Nürburgring.

Wie heißt die berühmte Skeleton-Bahn in St. Moritz (Schweiz)?

Cresta Run. Auf dieser Bahn sind schon Spitzengeschwindigkeiten von 145 Stundenkilometern erzielt worden. Der Rekordhalter schaffte die 1212 Kilometer lange Bahn in 52 Sekunden: Das ergibt einen Schnitt von 85 Stundenkilometern.

Wo finden Surfer die höchsten Surfwellen?

Am Makaha-Beach auf Hawaii. Hier gibt es die zum Wellenreiten erforderlichen regelmäßigen Wellen in Höhen bis zu neun Metern.

Wo liegt das größte Hallenstadion der Welt?

In New Orleans. Der »Superdome« – die größte Kuppel der Welt – nimmt 97 000 Zuschauer auf.

Von welchem Wort kommt »Schach«?

Vom persischen »Schah«, Kaiser. Der König ist die wichtigste Figur im Schachspiel. Wer ihn verliert, hat das ganze Spiel verloren.

Wie heißt das bekannteste Fußballstadion Spaniens?

Das Bernabeu-Stadion in Madrid. Es fasst 100 000 Zuschauer.

Worauf schießt man, wenn man auf Tontauben schießt?

Auf tönerne Scheiben, die mit einer Wurfmaschine in die Luft geschleudert werden. Der Schütze muss sie im Flug treffen.

Wie hoch ist ein Fußballtor?

244 Zentimeter, bei einer Breite von 732 Zentimetern. Die sonderbaren Zentimeterzahlen ergeben sich aus der Umrechnung von englischen Maßeinheiten auf das metrische System.

Welches europäische Land hat die kürzeste Fußballsaison?

Island. Dort dauert die Saison nur von Mai bis Oktober. Im Winterhalbjahr ist das Wetter auf dieser nördlichen Insel zu rau und die Fußballplätze sind zumeist unbespielbar.

Wann durchschwamm der erste Mensch den Ärmelkanal?

Im Jahr 1876. Der Rekordschwimmer war ein englischer Seeoffizier namens Captain Webb.

Ab welchem Körpergewicht gehört ein Boxer der Schwergewichtsklasse an?

Ab 81 Kilogramm.

Welche Waffen kommen beim Fechtsport zum Einsatz?

Degen, Säbel und Florett. Männer kämpfen in allen drei Disziplinen, Frauen nur mit dem Florett.

Was unterscheidet alpine Skiwettbewerbe von nordischen Skiwettbewerben?

Alpine sind Abfahrtslauf, Riesenslalom und Slalom; nordische Wettkämpfe aber Langlauf und Skispringen.

Wie viele Spieler nehmen an einem Rugbymatch teil?

Insgesamt 30 Mann, 15 Spieler pro Mannschaft.

Was bedeutet »Freistil« beim Schwimmen und was beim Ringen?

Freistil bedeutet, dass jeder Stil erlaubt ist. Freistilschwimmer schwimmen im Kraulstil, der schnellsten Art, um im Wasser voranzukommen. Beim Freistilringen sind auch Griffe an die Beine des Gegners und das Beinstellen erlaubt.

Wie schwer ist die Kugel eines Kugelstoßers?

7275 Gramm für männliche Kugelstoßer, 4000 Gramm für weibliche Teilnehmer.

Welche Schwimmstile sind beim 400-m-Lagenschwimmen gefordert?

Freistil, Rückenschwimmen, Brustschwimmen und Delfin. Jeder Teilnehmer muss jeweils 100 Meter in diesen Schwimmstilen zurücklegen.

Über wie viele Kilometer führt die Tour de France?

Über etwa 4000 Kilometer durch ganz Frankreich. Sie ist das längste Radrennen der Welt, dauert drei Wochen und führt über zwanzig Etappen.

Was ist ein Fliegengewicht?

Das ist die leichteste Gewichtsklasse beim Boxen und Gewichtheben. Fliegengewichtler dürfen nicht mehr als 51 Kilogramm (beim Boxen) oder 52 Kilogramm (beim Gewichtheben) wiegen, um in ihrer Klasse antreten zu dürfen.

Woraus besteht die Füllung von Medizinbällen?

Aus dem Haar von Wildtieren.

Was ist ein Buchmacher?

Jemand, der ein Wettbüro betreibt. Er verbucht Wetten – daher der Name –, vor allem bei Pferderennen.

Was ist Polo?

Ein Ballspiel zu Pferde. Die Reiter treiben hoch zu Ross mit Hockeyschlägern den Ball ins gegnerische Tor.

Wer darf beim Fußballspielen den Ball mit den Händen fangen?

Der Torwart.

Wie viele Spielabschnitte hat ein Polospiel?

Mindestens vier und höchstens acht. Jeder Abschnitt dauert nur siebeneinhalb Minuten.

Aus wie vielen Spielern besteht eine Feldhockeymannschaft?

Aus elf Spielern.

Was bedeutet das Wort »Real« im Namen der Mannschaft Real Madrid?

Königlich.

Was ist die FIFA?

Die »Fédération Internationale des Football Associations« – der Internationale Fußballbund.

Woher kommt das Rollschuhlaufen?

Aus Amerika. Vor 150 Jahren setzte der Fabrikant James Plympton die Eisläufer aufs Trockene, indem er auf Schlittschuhe vier Räder montierte. Die erste öffentliche Rollschuhbahn gab es auf Rhode Island, USA.

Wie hieß der erste bekannte Billardspieler?

Schon König Ludwig XI. (1423 bis 1483) soll nach zeitgenössischen Berichten einen Billardtisch besessen haben. Einer seiner Nachfolger, König Ludwig XIV., galt als einer der besten Spieler seiner Zeit.

Woher kommt die Abkürzung K. o.?

Vom englischen »knockout« (ausklopfen).

Was ist ein Racket?

Ein Tennisschläger.

Woher kommt die Schwimmart Kraulen?

Vom englischen »crawl«, kriechen. Der Kraulstil hat also mit unserem Wort »kraulen« (z. B. eine Katze kraulen) nichts zu tun. Beim Schwimmen im Kraulstil schlagen die gestreckten Beine und die Arme greifen abwechselnd kopfüber nach vorne.

Welcher Tennisspieler war der jüngste Wimbledonsieger aller Zeiten?

Der Deutsche Boris Becker. Er gewann 1985 das berühmte Turnier zum ersten Mal. Damals war er siebzehn Jahre alt – und der jüngste Turniersieger der Geschichte.

Was ist eine Finte beim Fechten?

Eine Täuschung des Gegners.

Über wie viele Runden gehen Amateurboxkämpfe?

Über drei Runden.

Aus wie vielen Spielern besteht eine Cricketmannschaft?

Aus elf Spielern.

Wo dürfen sich die Torleute beim Handball, beim Eishockey und beim Fußball aufhalten?

Beim Handball nur innerhalb des Torkreises, beim Fußball und beim Eishockey auf dem ganzen Spielfeld.

Wie werden beim Tennis die Punkte eines Spiels gezählt?

15, 30, 40, Spiel. Vielleicht hat diese seltsame Zählweise mit der Stundeneinteilung der Uhr zu tun: Viertelstunde (15 Minuten), halbe Stunde (30 Minuten) und Dreiviertelstunde (45 Minuten). Die volle Stunde ergibt das Spiel. Und statt 45 zählt man vermutlich deshalb 40, weil das kürzer und bequemer ist als 45. Möglicherweise hat im späten Mittelalter das Spiel eine Stunde lang gedauert; die Viertelstunden könnten die Pausen markiert haben. Auf jeden Fall hat sich diese Art, den Spielstand zu zählen, erhalten.

Welcher berühmte Boxer starb bei einem Flugzeugabsturz?

Das war Rocky Marciano. Er wurde 1952 Schwergewichts-Weltmeister und verteidigte den Titel in sechs Kämpfen, unter anderem gegen Joe Louis. Dann zog er sich ungeschlagen aus dem Boxsport zurück. 1969 kam er bei einem Flugzeugabsturz ums Leben.

Aus wie vielen Spielern besteht eine Polomannschaft?

Aus vier Reitern und vier Pferden.

Warum verlor Muhammad Ali seinen Weltmeistertitel?

Weil er sich weigerte, seiner Einberufung zur US-Armee zu folgen und nach Vietnam in den Krieg zu ziehen. Cassius Clay, der Weltmeister im Schwergewicht, hatte sich zum muslimischen Glauben bekannt und den Namen Muhammad Ali angenommen. Er war der vielleicht eleganteste Boxer aller Zeiten. Als er den Kriegsdienst verweigerte, wurde ihm der Titel einfach aberkannt.

Wann und wo fanden die ersten Olympischen Winterspiele statt?

1924 in Chamonix (Frankreich).

Welcher Langstreckenläufer gewann an einem Tag zwei olympische Goldmedaillen?

Das war der Finne Paavo Nurmi. 1924 bei den Olympischen Spielen in Paris gewann er am Vormittag den 5000-m-Lauf und am Nachmittag den 1500-m-Lauf.

Was stimmt?

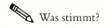

Was ist ein Mikado?

a) ein Kaiser
b) ein Spiel
c) ein Tanz

Richtig ist a) und b). Das Wort ist japanisch und bedeutet »Erhabene Pforte« – so nannten die Europäer den japanischen Kaiser. Mikado ist auch ein Geschicklichkeitsspiel mit Stäbchen.

Was ist ein Macintosh?

a) ein Apfel
b) ein Computer
c) ein Regenmantel

Alle Antworten sind richtig. Der Macintosh ist eine Apfelsorte; die amerikanische Computerfirma Apple (Apfel) benannte danach einen ihrer Personal Computer. Nach dem schottischen Chemiker Macintosh, dem Erfinder des wasserdichten (imprägnierten) Stoffes, wird auch ein Regenmantel so genannt.

Wo gab es die ersten Windmühlen?

a) Ägypten
b) Persien
c) Ostfriesland

Richtig ist b). Getreidemühlen, die mit Windkraft betrieben wurden, gibt es erst seit ungefähr 1300 Jahren. Erfinder der Windmühlen sind offenbar die Perser. Vom Mittelalter an drehten sich Windmühlen in allen europäischen Gebieten, in denen es ausreichend Wind, aber wenig fließende Gewässer gibt – von Spanien bis Ostfriesland.

Wo wurden die ersten Wasserkraftwerke gebaut?

a) Frankfurt am Main
b) an den Niagarafällen (USA)
c) Schaffhausen am Rhein

Richtig ist a) und b). Beide Kraftwerke wurden 1891 in Betrieb genommen.

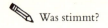

Wie heißt der Erfinder des Blitzableiters?

a) Benjamin Franklin
b) Alessandro Volta
c) Luigi Galvani

Richtig ist a). 1752 wies der spätere amerikanische Präsident die natürliche statische Elektrizität nach: Er ließ einen Blitz in einen eisernen Schlüssel einschlagen, der an einem Flugdrachen hing. In diesem Jahr baute Franklin den ersten Blitzableiter für ein Haus. Luigi Galvani fand heraus, dass in Organismen Ströme fließen. Alessandro Volta baute die erste Batterie.

Was macht ein Transformator?

a) Er verändert die Spannung des elektrischen Stroms.
b) Er wandelt die Auf-und-ab-Bewegung einer Maschine in eine Drehbewegung um.
c) Er zerlegt Rohöl in seine Bestandteile.

Richtig ist a). Strom wird über Hochspannungsleitungen über Land geführt und muss eine nied-

rigere Spannung erhalten, bevor er die Hausanschlüsse erreicht. Aber auch im Haus selbst muss die Spannung abgeschwächt werden, zum Beispiel zum Betrieb einer Modelleisenbahn.

Was ist ein Dynamo?

a) ein Sprungbrett für Kunstspringer
b) eine Maschine zum Stromerzeugen
c) ein Sportverein

Richtig ist b). Aber auch viele Sportvereine vor allem in der ehemaligen DDR nennen oder nannten sich Dynamo. Damit sollte das Kraftvoll-Vorwärtsstrebende des Sports ausgedrückt werden. Das Sprungbrett heißt Trampolin.

Wie hoch ist die größte Bohrinsel?

a) 159 Meter
b) 259 Meter
c) 492 Meter

Richtig ist c). Die 250 Kilometer vor New Orleans

(USA) im Golf von Mexiko verankerte Shell-Bohrplattform ist mit ihren 492 Metern höher als eines der höchsten Häuser der Welt, der Sears Tower in Chicago.

Wie heißt der Erfinder des Hubschraubers?

a) Leonardo da Vinci
b) Igor Sikorski
c) Paul Corru

Richtig ist a), b) und c). Schon vor 500 Jahren überlegte sich der italienische Künstler und Erfinder Leonardo da Vinci, wie ein Hubschrauber funktionieren müsste. Natürlich konnte er seine Ideen nicht verwirklichen. Der französische Mechaniker Paul Cornu baute 1907 das erste hubschrauberähnliche Gefährt, das sich, mit zwei Menschen an Bord, tatsächlich zwei Meter in die Luft erhob. 1936 fand der erste Flug eines einrotorigen, von Sikorski konstruierten Hubschraubers statt.

Von wo nach wo führt der längste Tunnel der Welt?

a) von England nach Frankreich
b) von Tirol nach Vorarlberg
c) von Honshu nach Hokkaido

Richtig ist c). Über fünfzig Kilometer lang ist dieser Eisenbahntunnel, der unter dem Meeresboden die beiden japanischen Inseln verbindet. Er wurde 1988 eröffnet. Kostenpunkt: dreizehn Milliarden Mark.

Wie lange brauchte das schnellste Passagierschiff von England nach Amerika?

a) einen Tag
b) drei Tage
c) sieben Tage

Richtig ist b). Seit 1952 ist das amerikanische Passagierschiff »United States« Rekordhalter. Der Vierschraubendampfer fuhr mit einer Durchschnittsgeschwindigkeit von 66 Stundenkilometern über den Atlantik und brauchte dafür drei Tage und zehn Stunden. Sieben Tage und zwölf Stunden brauchte das flinkste Segelschiff, eine französische Rennsegelyacht.

Wann lief das erste U-Boot vom Stapel?

a) 1620 in Holland
b) 1900 in Amerika
c) 1916 in Deutschland

Richtig ist a) und b). Das erste moderne, motorgetriebene Unterseeboot ging 1900 in den USA in Betrieb. Ein ruderbetriebenes U-Boot hatte ein holländischer Erfinder schon 1620 gebaut.

Wie hieß das erste atomgetriebene U-Boot?

a) Nautilus
b) Saturn
c) Rainbow Warrior

Richtig ist a). Mit einem kleinen Atomreaktor als Energiequelle können U-Boote längere Tauch-

fahrten unternehmen. Die amerikanische Nautilus ging 1955 in Betrieb. Sie war das erste U-Boot, das unter der kilometerdicken Eisschicht des Nordpols durchtauchte. Nach Saturn, dem alten römischen Gott des Ackerbaus, ist der zweitgrößte Planet unseres Sonnensystems benannt. Rainbow Warrior war das erste berühmte Schiff der Umweltorganisation Greenpeace.

Wo liegt der größte Binnenhafen der Welt?

a) in Kairo
b) in Chicago
c) in Duisburg

Richtig ist c). Der Duisburger Rheinhafen ist fast tausend Hektar groß. Sechzig Millionen Tonnen Güter werden dort jährlich umgeladen.

Wer baute die erste Wasserschleuse?

a) der Chinese Chiao Wei-Yo
b) der Engländer Jethro Tull
c) der Italiener Leonardo da Vinci

Richtig ist a). Das war im Jahr 984, also vor mehr als tausend Jahren. Mit Schleusen konnten jetzt Flüsse durch Kanäle miteinander verbunden und Waren auf Frachtschiffen durch weite Teile des Chinesischen Reichs transportiert werden, ohne dass man sie umladen musste. Jethro Tull erfand die Sämaschine, Leonardo da Vinci dachte sich eine ganze Reihe von Maschinen und Geräten aus, von Belagerungsmaschinen bis zu Fallschirmen.

Wo steht der mächtigste Springbrunnen?

a) in Arizona
b) in der Schweiz
c) im Yellowstone National Park

Richtig ist a). 190 Meter hoch schleudert dieser Springbrunnen in Arizona seine Wassermassen. Das ist höher als die Spitze des Ulmer Münsters. Der Springbrunnen am Genfer See in der Schweiz bringt es auf 150 Meter. Im Yellowstone National Park in den USA gibt es nur natürliche Springbrunnen, die Geysire. Sie können das heiße Wasser dutzende Meter hochschleudern.

Wo gab es die ersten Wasserklosetts?

a) in Indien
b) im alten Rom
c) in England

Richtig ist a). Die ersten Wasserklosetts waren einfache, gemauerte Sitze, die über Abwasserkanälen thronten. Es gab sie im alten Indien schon vor 5000 Jahren. In Europa kamen Toiletten mit Wasserspülung erst vor 400 Jahren auf. Die erste »moderne« Toilette konstruierte der Engländer Harington im Jahr 1589. Sie hatte erstmals einen Wasserbehälter für die Spülung.

Wann fuhr die erste Eisenbahn?

a) 1815 in Deutschland zwischen Nürnberg und Fürth
b) 1825 in England zwischen Stockton und Darlington
c) 1881 in Berlin

Richtig ist b). Die Strecke zwischen Nürnberg und Fürth wurde erst 1835 eröffnet. 1881 fuhr in Berlin die erste elektrisch betriebene Straßenbahn der Welt.

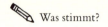

Wo liegt die längste Eisenbahnbrücke?

a) in Louisiana (USA)
b) bei Nanking (China)
c) in Skandinavien

Richtig ist c). Die Öresund-Brücke verbindet Dänemark und Schweden und ist knapp 16 km lang. Die Huey-P.-Long-Brücke in Louisiana überspannt den Mississippi und ist sieben Kilometer lang. Die Brücke bei Nanking ist nur hundert Meter kürzer.

Auf welchem Bahnhof drängen sich die meisten Menschen?

a) Moskauer Hauptbahnhof
b) Central Station in New York
c) Schinjuku-Bahnhof in Tokio

Richtig ist c). Dieser Bahnhof ist ein Knotenpunkt für U-Bahn, Schnellbahn und Eisenbahn. Täglich werden 2,5 Millionen Menschen durchgeschleust. Um noch mehr Pendler in die ohnehin schon voll gestopften Züge packen zu können, hat die Bahnhofsverwaltung eine Riege kräftiger Burschen angestellt. Sie haben die Aufgabe, noch mehr Menschen in die Züge zu quetschen.

Wo gibt es die größte U-Bahn der Welt?

a) Moskau
b) New York
c) Paris

Richtig ist b). Die New Yorker U-Bahn hat ein Streckennetz von 1200 Kilometern. Das ist 24-mal das Streckennetz der Münchner U-Bahn. Auch die Moskauer U-Bahn ist mit 200 Kilometern vergleichsweise kurz. Sie befördert jedoch täglich 5,5 Millionen Menschen, die New Yorker U-Bahn nur vier Millionen.

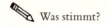

Wo wird die Straßenbahn mit Kabeln gezogen?

a) San Francisco
b) Bern
c) Kalkutta

Richtig ist a). Die »Cable Cars« der kalifornischen Stadt San Francisco wurden vor 120 Jahren konstruiert und stehen unter Denkmalschutz. In den steilen Straßen der Stadt ist ein Endlosdrahtseil eingelassen, das ständig im zwanzig Kilometer langen Kreis läuft. Über die darüberliegenden Gleise fahren die Straßenbahnwagen, die sich bei Fahrt in das Zugseil einklinken und bei einem Halt das Seil einfach loslassen. So ein Cable Car (Kabel-Wagen) braucht daher keinen Triebwagen. Der Schaffner klinkt den Wagen ins Seil ein, klinkt ihn aus und zieht an Haltestellen die Bremse.

Was waren die ersten Passagiere eines Luftschiffs?

a) ein Schwein
b) Ente und Hahn
c) die Brüder Montgolfier

Richtig ist a) und b). Eine Ente, ein Hahn und ein Schwein waren die ersten Lebewesen an Bord eines Luftschiffes. Am 19. September 1783 wurden in Versailles (nahe Paris) die Versuchstiere in einer »Montgolfiere« in den Himmel geschickt. Der von den Brüdern Montgolfier gebaute und nach ihnen benannte Heißluftballon landete nach kurzer Fahrt sicher. Einen Monat später starteten die ersten menschlichen Luftschiffer zu einer zehn Kilometer langen Luftreise.

Wie weit war der erste Flug eines Flugzeugs?

a) 50 Meter
b) 260 Meter
c) 2,6 Kilometer

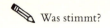

Richtig ist a) und b). Die Brüder Wright unternahmen 1903 in den USA den ersten Flug mit einem motorgetriebenen Flugzeug. Der Flug war genau 260 Meter lang. Schon dreizehn Jahre davor war der Franzose Ader mit seinem dampfgetriebenen Flugzeug immerhin fünfzig Meter weit gehüpft. Dampfmaschinen erwiesen sich für Flugzeuge jedoch bald als zu schwer und daher untauglich.

Wer flog als Erster von Frankreich nach England?

a) der Franzose Bleriot
b) der Amerikaner Lindbergh
c) die Engländer Alcock und Brown

Richtig ist a). 1909 flog Bleriot als erster Flugzeugpilot über den Ärmelkanal. Er schaffte die 36 Kilometer in 27 Minuten. Alcock und Brown waren die Piloten des ersten Transatlantikflugs von England nach Amerika (1919). Lindbergh schaffte den ersten Transatlantikflug als Solopilot (1927).

Politik

Welches wichtige europäische Land gehört nicht den Vereinten Nationen an?

Die Schweiz – aus Neutralitätsgründen. Dieses Land ist allerdings sehr wohl Mitglied von verschiedenen Unterorganisationen der Vereinten Nationen, die teilweise sogar ihren Sitz in einer Schweizer Stadt, nämlich in Genf, haben.

Was ist der Sicherheitsrat der Vereinten Nationen?

Dieses Gremium setzt sich aus den Vertretern der UN-Mitgliedsstaaten zusammen. Sein Ziel ist die Aufrechterhaltung von Frieden und Sicherheit in der Welt.

Welches sind die fünf ständigen Mitglieder des Sicherheitsrates?

China, Großbritannien, Frankreich, Russland und USA.

Wofür steht die Abkürzung OSZE?

Organisation für Sicherheit und Zusammenarbeit in Europa.

Prominente Opfer von Attentaten:

Wer verübte wo und wann den Anschlag auf …

Julius Cäsar, römischer Diktator?
44 v. Chr. von Brutus und anderen Senatoren erstochen.

Thomas Becket, Erzbischof von Canterbury?
1170 von vier Rittern in der Kathedrale von Canterbury ermordet.

Jean Marat, französischer Revolutionär?
1793 von Charlotte Corday erstochen.

Abraham Lincoln, US-Präsident?
1865 von J. Wilkie Booth in einem Theater erschossen.

Antonio Canovas de Castillo, spanischer Premier?
1897 von Anarchisten erschossen.

Humbert I., italienischer König?
1900 von einer Bombe getötet. Die Täter waren Anarchisten.

William McKinley, US-Präsident?
1901 vom Anarchisten Leon Czoglosz erschossen.

Pjotr Stoljpin, russischer Premierminister?
1911 vom Revolutionär Dimitri Bogrow erschossen.

Franz Ferdinand, Erzherzog (und Thronfolger) von Österreich?
1914 vom serbischen Nationalisten Gavrilo Princip erschossen; diese Tat löste den Ersten Weltkrieg aus.

Rasputin, russischer Mönch und politischer Drahtzieher?
1916 von russischen Aristokraten erschossen.

Engelbert Dollfuß, österreichischer Bundeskanzler?
1934 von illegalen österreichischen Nazis erschossen.

Leo Trotzki, ehemaliger russischer Revolutionär?
1940 im mexikanischen Exil von einem Agenten Stalins erschlagen.

Mahatma Gandhi, indischer Staatsführer?
1948 von einem hinduistischen Fanatiker erschossen.

Graf Folke Bernadotte, schwedischer Diplomat?
1948 in Jerusalem von jüdischen Extremisten ermordet.

Rafaele Trujillo Molina, Diktator der Dominikanischen Republik?
1961 von Untergrundkämpfern erschossen.

John F. Kennedy, US-Präsident?
1963 in Dallas von Lee Harvey Oswald erschossen; der Hintergrund und die Motive sind immer noch ungeklärt.

Malcolm X (Little), radikaler amerikanischer Schwarzenführer?
1965 bei einer Demonstration erschossen.

Martin Luther King, Führer der US-Bürgerrechtsbewegung?
1968 in Memphis, Tennessee, vom weißen Fanatiker James Earl Ray erschossen.

Robert F. Kennedy, US-Senator und Präsidentschaftskandidat?
1968 von Sirhan Sirhan, einem arabischen Einwanderer, erschossen.

Aldo Moro, italienischer Spitzenpolitiker?
1978 von der Terrororganisation »Rote Brigaden« ermordet.

Park Chung Hee, Präsident von Südkorea?
1979 vom Chef des eigenen Geheimdienstes erschossen.

Oskar Romero Galdamez, Erzbischof von San Salvador?
1980 im Dom von San Salvador von Rechtsextremisten erschossen.

Anwar al-Sadat, ägyptischer Präsident?
1981 von muslimischen Fanatikern erschossen.

Indira Gandhi, indische Premierministerin?
1984 von ihren Sikh-Leibwächtern erschossen.

Radjiv Gandhi, indischer Spitzenpolitiker?
1991 bei einem Bombenattentat (wahrscheinlich tamilischer Fanatiker) getötet.

Was bedeutet die Abkürzung NATO?

North Atlantic Treaty Organization – Nordatlantische Vertragsgemeinschaft. Die NATO ist das militärische Bündnis des Westens.

Welche Länder gehören der NATO an?

Belgien, Dänemark, Deutschland, Frankreich, Griechenland, Großbritannien, Island, Italien, Kanada, Luxemburg, Niederlande, Norwegen, Polen, Portugal, Spanien, Tschechien, Türkei, Ungarn, Vereinigte Staaten von Amerika. Frankreich hat in der NATO allerdings eine Sonderstellung.

Was kennzeichnet die folgenden Herrschaftsformen?

Anarchie

Wörtlich: Herrschaftslosigkeit. Niemand beherrscht irgendjemanden, alle Menschen leben in Eintracht ohne gesetzliche Zwänge. Ein schöner Traum.

Aristokratie

Wörtlich: die Herrschaft der Besten. In Wirklichkeit die Herrschaft der Adeligen, die ihre Machtstellung vererben. In einer Aristokratie zählt nur die Herkunft, nicht die persönliche Leistung.

Autokratie

Wörtlich: Selbstherrschaft. Alle Macht liegt in den Händen eines einzigen Menschen.

Bürokratie

Wörtlich: Herrschaft der Büros. Eine ironische Bezeichnung für die Macht der Beamten und Verwaltungsorgane.

Demokratie
Wörtlich: Herrschaft des Volkes. Alle Bürger haben gleiche Rechte und können (theoretisch) an der Politik mitwirken. Zumindest darf sie niemand am Versuch hindern.

Matriarchat
Wörtlich: Herrschaft der Mütter. Eine Gesellschaftsform, bei der die Macht in den Händen der Frauen liegt. In prähistorischer Zeit hat es matriarchalische Kulturen gegeben, einige gibt es auch in der heutigen Zeit.

Monarchie
Wörtlich: Herrschaft eines Einzigen. In den früheren absoluten Monarchien lag die Staatsgewalt allein in den Händen eines Königs, Kaisers oder Fürsten. In heutigen konstitutionellen Monarchien herrscht Demokratie, der Monarch ist nur das Staatsoberhaupt.

Oligarchie
Wörtlich: Herrschaft von wenigen. Alle Macht liegt bei einer kleinen, exklusiven Gruppe von Menschen, die selbst bestimmt, wer zu ihr gehört und wer nicht.

Patriarchat

Wörtlich: Herrschaft der Väter. Der Vater ist das Oberhaupt der Familie und hat mehr Rechte als seine Frau. Insgesamt meint man mit Patriarchat eine Gesellschaftsform, in der Männer praktische Vorrechte haben und diese verteidigen.

Plutokratie

Wörtlich: Herrschaft des Reichtums. Wer in einer Plutokratie Geld hat, der bestimmt die Politik. Viele Länder der Dritten Welt sind im Grunde Plutokratien.

Theokratie

Wörtlich: Gottesherrschaft. In einer Theokratie regieren Geistliche und behaupten, damit den Willen Gottes zu erfüllen. Hier sind Religion und Politik nicht getrennt. Ein Beispiel für eine Theokratie ist die Herrschaft der schiitischen Geistlichen, der sogenannten Mullahs, im Iran.

Und hier noch einige »-ismen«. Wie lautet das Wort für …

die Überzeugung, dass die (weiße) Rasse, zu der man selbst gehört, besser und wichtiger ist als jede andere und dass es daher in Ordnung ist, den Angehörigen einer anderen Rasse weniger Rechte einzuräumen?
Rassismus

die Überzeugung, dass die Interessen des eigenen Volkes Vorrang vor den Interessen anderer Völker haben?
Nationalismus

die Überzeugung, dass Männer von Natur aus gegenüber Frauen eine dominierende Rolle spielen sollten und dass es die Aufgabe der Frauen ist, sich männlichen Interessen unterzuordnen?
Sexismus

die Überzeugung, dass man sich für das eigene Vaterland stärker einsetzen muss als für das Vaterland eines anderen Menschen?
Patriotismus

die Überzeugung, dass die eigene Meinung völlig unbezweifelbar ist, weil sie auf absolut sicheren Lehrsätzen beruht?
Dogmatismus

Wo regiert welcher König, welche Königin oder welcher Kaiser?

Belgien	König Albert II.
Bhutan	König Jigme Sinhye Wangchuk
Dänemark	Königin Margarete II.
Großbritannien	Königin Elizabeth II.
Japan	Kaiser Akihito
Jordanien	König Abdullah II. bin Al Hussein
Marokko	König Mohammed VI.
Nepal	König Gyanendra Bir Bikram Shah Dev
Niederlande	Königin Beatrix
Saudi-Arabien	König Fahd ibn Abdul Aziz
Spanien	König Juan Carlos I.
Schweden	König Carl XVI. Gustav
Thailand	König Bhumipol Adulaydei

Was ist eine Dynastie?

Eine Folge von Herrschern, die alle aus derselben Familie stammen, nennt man eine Dynastie. Das deutsche Wort dafür ist Herrscherhaus.

Welche ist die älteste noch existierende Dynastie der Welt?

Das japanische Kaiserhaus. Seit 2000 Jahren sitzen die Vorfahren von Kaiser Akihito auf dem japanischen Thron. Die japanische Kaiserdynastie leitet ihre Herkunft direkt von der Sonnenkönigin ab. Bis zum Ende des Zweiten Weltkriegs und der Niederlage Japans galt der Kaiser als eine Art Gott.

Wie heißt das Parlament in diesem Land?

Dänemark	Folketing
England	Unterhaus
Irland	Dail Eireann
Island	Althing
Israel	Knesset
Niederlande	States-General
Norwegen	Storting
Österreich	Nationalrat
Schweden	Reichstag
Schweiz	Nationalrat
Spanien	Cortes
USA	Kongress

Was ist die einzige absolute Monarchie im heutigen Europa?

Die Vatikanstadt im Norden der italienischen Hauptstadt Rom. Unumschränkter Herrscher seines Landes ist der Papst. Es gibt kein Parlament und kein demokratisches Mitspracherecht der Bürger. Zugleich ist die Vatikanstadt der kleinste souveräne Staat der Erde. Er umfasst eine Fläche von 44 Hektar.

Was war der COMECON und wofür steht diese Abkürzung?

Die Wirtschaftsgemeinschaft der ehemaligen Ostblockstaaten. COMECON heißt Council for Mutual Economic Assistance – Rat für gegenseitige Wirtschaftshilfe. Man nannte diese Länder auch RGW-Länder.

Woher kommt die Bezeichnung Barbar und was bedeutet sie?

Aus dem Griechischen. Die alten Griechen waren arrogant genug, jeden Menschen, der nicht Griechisch als Muttersprache hatte, als Barbaren zu bezeichnen, als jemanden, der nicht ordentlich reden, sondern nur etwas daherstottern konnte, das in griechischen Ohren wie »bar bar« klang. Nach ihrer Auffassung waren Barbaren die geborenen Sklaven.

In welchem Land spielt die folgende politische Partei eine wichtige Rolle?

Freisinnig-Demokratische Partei	Schweiz
Volkspartei	Österreich
Republikaner	USA
Demokraten	USA
Labour	England
Likud	Israel
Baath	Irak, Syrien
Gaullisten	Frankreich

Welches Land hat welche Währung?

Land	*Währung*	*zu 100*
Bulgarien	Lew	Stotinki
Brasilien	Cruzeiro	Centavos
Frankreich	Euro	Cents
Griechenland	Euro	Cents
Großbritannien	Pfund Sterling	Pence
Finnland	Euro	Cents
Iran	Rial	Dinars
Italien	Euro	Cents
Japan	Yen	Sen
Jugoslawien	Dinar	Para
Niederlande	Euro	Cents
Österreich	Euro	Cents
Polen	Zloty	Groszy
Portugal	Euro	Cents
Rumänien	Leu	Bani
Schweiz	Franken	Rappen
Russland	Rubel	Kopeken
Spanien	Euro	Cents
Türkei	Türkisches Pfund	Kurus
Ungarn	Forint	Filler

Kultur

Was ist die Marseillaise?

So nennt man die französische Nationalhymne. Sie wurde erstmals 1792 in Straßburg gesungen, und zwar von Revolutionären, die aus der südfranzösischen Hafenstadt Marseille stammten – daher der Name. 1795 wurde sie Nationalhymne.

Welche Stimme singt höher: Sopran oder Alt?

Sopran. Alt ist eine tiefe, Sopran eine hohe Frauenstimmlage. Auch Jungen können Sopranstimmen haben.

Was ist ein Akkordeon?

Eine Art Ziehharmonika.

Wie viele Saiten hat eine Gitarre?

Normale Gitarren und E-Gitarren haben sechs Saiten, Bassgitarren haben vier Saiten. Bei zwölfsaitigen Gitarren ist jeweils ein Saitenpaar auf einen Ton gestimmt; im Grunde handelt es sich also auch bei ihnen um sechssaitige Gitarren, mit dem Unterschied, dass eine Saite sozusagen aus zwei Saiten besteht.

Welche Oper braucht vier Abende für eine Aufführung?

Der »Ring des Nibelungen« von Richard Wagner.

Welcher berühmte Komponist schrieb seine ersten Stücke im Alter von sechs Jahren?

Wolfgang Amadeus Mozart (1756 bis 1791).

Was macht man mit einem Hackbrett?

Musik. Ein Hackbrett ist ein traditionelles alpenländisches Saiteninstrument.

Was sind Spirituals?

Die religiösen Lieder der Schwarzen in den amerikanischen Südstaaten.

Aus welchem Material ist ein Fagott gearbeitet?

Aus Holz. Das Fagott ist ein Holzblasinstrument mit tiefer Stimmlage.

Woher stammen diese berühmten Komponisten und von wann bis wann lebten sie?

Johann Sebastian Bach	Deutschland	1685 bis 1750
Ludwig van Beethoven	Deutschland	1770 bis 1827
Hector Berlioz	Frankreich	1803 bis 1869
Johannes Brahms	Deutschland	1833 bis 1897
Benjamin Britten	Großbritannien	1913 bis 1976
Frédéric Chopin	Polen	1810 bis 1849
Claude Debussy	Frankreich	1862 bis 1918
Anton Dvořák	Tschechei	1841 bis 1904
Edvard Grieg	Norwegen	1843 bis 1907
Franz Liszt	Ungarn	1811 bis 1886
Gustav Mahler	Österreich	1860 bis 1911
Wolfgang Amadeus Mozart	Österreich	1756 bis 1791
Giacomo Puccini	Italien	1858 bis 1924
Jean Sibelius	Finnland	1865 bis 1957
Franz Schubert	Österreich	1797 bis 1828
Peter Iljitsch Tschaikowsky	Russland	1840 bis 1893
Richard Wagner	Deutschland	1813 bis 1883

Welches Musikinstrument heißt übersetzt »Leiselaut«?

Das Pianoforte, also unser Klavier. »Piano« heißt leise, »forte« heißt stark, laut. Dieser sonderbare Name rührt daher, dass man beim Klavier durch die Stärke des Anschlags auf den Tasten die Lautstärke regulieren kann. Wer tüchtig in die Tasten haut, erzeugt einen Höllenlärm, wer dagegen pianissimo auf die Tasten tippt, ist kaum zu vernehmen. Der Vorgänger des Pianoforte, das Cembalo, ließ dagegen jeden Ton gleich laut erklingen.

Wie heißt ein Musikstück, das für vier Stimmen oder Instrumente geschrieben wurde?

Ein Quartett. Auch eine aus vier Mitgliedern bestehende Gruppe von Musikern nennt man ein Quartett.

Wer war der Erfinder des Saxofons?

Adolphe Sax (1814 bis 1894), ein belgischer Instrumentenbauer.

Was misst ein Metronom?

Den Takt.

Aus welchen Musikrichtungen entwickelte sich der Rock and Roll?

Aus dem Blues und aus der Skiffle-Musik. Beim Rock and Roll steht der Rhythmus im Vordergrund.

Wer war der erste Millionen-Seller in der Geschichte der Schallplatte?

Der italienische Tenor Enrico Caruso (1873 bis 1921). Von seinen Schallplatten wurden erstmalig über eine Million Stück verkauft.

Auf welchem Musikinstrument spielt nur der Wind?

Auf einer Äolsharfe. Die Saiten dieses antiken Instruments wurden nur durch den durchstreifenden Wind in Schwingung versetzt und produzierten traurige, verwehte Harmonien.

Was ist der Unterschied zwischen einem Duo und einem Duett?

Ein Duo sind die beiden Partner bei der Ausführung eines Instrumentalmusikstücks (oder auch einer Zirkusnummer); ein Duo ist aber auch ein Stück für zwei Musikinstrumente. Ein Duett hingegen ist ein Gesangsstück für zwei Stimmen.

Welcher legendäre Popgitarrist verbrannte seine Gitarre auf der Bühne?

Das war Jimi Hendrix beim Popfestival von Monterey 1967.

Was ist ein Tamburin?

Eine mit Schellen besetzte kleine Handtrommel.

Was war die berühmteste Swingband der Musikgeschichte?

Das Orchester Glenn Miller. Die große Zeit der Big Bands und ihrer Swingmusik (einer populären Form von Jazz mit größerem Orchester) lag zwischen 1935 und 1945.

Welcher Ton hat zwischen 440 und 444 Doppelschwingungen pro Minute?

Der Kammerton a. Er bildet die Grundlage für das Stimmen von Musikinstrumenten. Die Schwingungszahl wurde 1939 festgelegt.

Was ist Folkmusik?

Im Grunde nichts anderes als Volksmusik, die typische Musik der verschiedenen Regionen. Meistens versteht man unter Folkmusik jedoch die traditionelle englische, irische und nordamerikanische Volksmusik.

Der deutsche Titel eines Beatles-Films lautete »Hi-Hi-Hilfe«. Was ist der Originaltitel?

»Help«. Der gleichnamige Titelsong des Films (1965 in den Kinos) war einer der großen Hits der Gruppe.

Was sind die »Carmina Burana«?

So heißt eine Sammlung von mittelalterlichen Liedern, die von fahrenden Sängern komponiert und vorgetragen wurden.

Was ist das längste europäische Blasinstrument?

Das Alphorn. Manche Alphörner sind vier Meter lang.

Was sind Cinellen (oder Tschinellen)?

Zwei Metallteller, die aneinandergeschlagen werden.

Wie nennt man einen Mischmasch aus grässlichen Tönen?

Eine Kakofonie. Das griechische Wort lautet in der Übersetzung »schlechte Töne«.

Wie hießen die Beatles?

John Lennon, Paul McCartney, Ringo Starr und George Harrison. Sie beherrschten von 1963 bis 1971 die internationale Popmusikszene. Nach ihrer Trennung starteten John Lennon und Paul McCartney ihre eigenen Karrieren als Sänger und Komponisten.

Wie starb John Lennon?

Er wurde 1980 vor seiner Wohnung in New York von einem Geisteskranken durch einen Kopfschuss getötet.

Welche Rockband war berühmt dafür, dass sie ihre Instrumente auf der Bühne zertrümmerte?

Das waren die »Who« in den Sechzigerjahren.

Woher stammt die Reggae-Musik?

Von den Westindischen Inseln (z. B. Jamaica). Reggae hat sich aus der Volksmusik der farbigen Bevölkerung entwickelt, deren Vorfahren als Sklaven aus Afrika auf diese Inseln verschleppt worden waren. Reggae verbindet Elemente des Rhythm-and-Blues und des Calypso mit eigenen Rhythmen. Bei uns wurde diese Musik vor allem durch Bob Marley und Peter Tosh populär.

Wie heißt die russische Laute mit ihrem dreieckigen Resonanzkasten?

Balalaika.

Was waren die Stadtpfeifereien?

Die kleinen Musikkapellen in den Kleinstädten von Nord- und Mitteldeutschland. Früher bestanden sie hauptsächlich aus Lehrlingen.

Welches indische Musikinstrument wurde auch in Europa populär?

Die Sitar. Der berühmteste Virtuose auf diesem Saiteninstrument ist Ravi Shankar. In den Anfängen der Popmusik in den Sechzigerjahren bauten auch Popgruppen wie die Beatles, Rolling Stones und Kinks Sitar-Klänge in manche ihrer Lieder ein. Bekanntestes Beispiel ist »Within You Without You« auf der Beatles-LP »Sergeant Pepper's Lonely Hearts Club Band«.

Wann gab es Troubadoure?

Im Mittelalter. Troubadoure waren Dichter und Sänger – heute würde man sie Liedermacher nennen – aus ritterlichem Stand.

Aus welchen vier Instrumentengruppen besteht ein großes Symphonieorchester?

Aus Holzbläsern (z. B. Flöte, Oboe, Fagott), Blechbläsern (wie Horn und Trompete), Schlaginstrumenten (Pauke, Trommel) und Saiteninstrumenten (Geige, Bratsche, Cello, Kontrabass).

Welcher Diktator liebte die Musik Richard Wagners über alles?

Adolf Hitler. Er förderte besonders stark die Bayreuther Festspiele, die den Opern Wagners gewidmet sind.

Was ist Bebop?

Eine Jazzrichtung der Vierziger- und Fünfzigerjahre, die von Künstlern wie Dizzy Gillespie und Charlie Parker bekannt gemacht wurde. Bebop beruht hauptsächlich auf Improvisation und ausdrucksstarken Bläsern. Erstmals durften auch Schlagzeuge als Soloinstrumente brillieren.

Was bedeutet das Wort »Symphonie«?

Zusammenklang. Man kann auch »Sinfonie« schreiben.

Aus welcher englischen Stadt stammen die Beatles?

Aus Liverpool.

Wie heißt die Stimmlage zwischen dem hohen Tenor und dem tiefen Bass?

Bariton.

Aus welcher süddeutschen Stadt stammt der Vater von Wolfgang Amadeus Mozart?

Aus Augsburg.

Wie hieß der erste Tonfilm?

»Jazz Singer«. Die Uraufführung fand 1927 statt. Mit einem Schlag war das Zeitalter des Stummfilms zu Ende. Viele Stummfilmstars mussten sich einen neuen Job suchen, weil sie mit ihren ungeschulten Stimmen beim Publikum nicht mehr ankamen.

Was sind Barden?

Das waren Sänger aus keltischer Zeit. Es gab sie vor allem auf den Britischen Inseln (Großbritannien, Irland) und in der Bretagne. Ihr Hauptinstrument war die Harfe.

Wie hieß der berühmteste Geigenbauer aller Zeiten?

Antonio Stradivari (1644 bis 1737). Niemand ist bisher dem Geheimnis seiner Geigenbaukunst auf die Spur gekommen. Diese Geigen kosten heute ein Vermögen. Sie klingen so gut wie vor 300 Jahren.

Was bedeutet es, wenn ein Chor »a capella« singt?

Es gibt keine Begleitung durch Musikinstrumente.

Ludwig van Beethoven komponierte nur eine einzige Oper. Wie heißt sie?

»Fidelio«.

Wie nennt man in England und Amerika einen besonders spannenden Kriminalfilm?

Thriller.

Was ist ein Gag?

Ein witziger, effektvoller Einfall im Film oder Theater.

Wie heißt der wahrscheinlich erfolgreichste Jazzklarinettist aller Zeiten?

Benny Goodman.

Wie viele Oscars gibt es?

Insgesamt 25 – für schauspielerische Leistungen, Drehbuch, Regie, Filmmusik und so weiter.

War Charlie Chaplin Engländer oder Amerikaner?

Er war gebürtiger Engländer. 1889 wurde er als Charles Spencer Chaplin in London geboren.

Wofür steht die Abkürzung »BBC«?

Für »British Broadcasting Corporation« – Britische Rundfunkgesellschaft.

In welchem Film tritt der verrückte Wissenschaftler Frank N. Furter auf?

In der »Rocky Horror Picture Show«.

Wie nennen Amerikaner das Kino?

Movie. Das ist eine Kurzform für Motion Pictures (bewegte Bilder).

Das Wort »Kino« ist die Abkürzung wofür?

Für Kinematograf. Dieses allzu umständliche Wort kommt aus dem Griechischen und heißt Bewegungsaufzeichner.

Wie heißt in Horrorfilmen der Riesenaffe, der sich in eine Menschenfrau verliebt?

King Kong.

Was ist ein Trailer?

Ein Werbefilm für einen Film. Für einen Trailer sind typische Szenen eines Films zusammengeschnitten.

Wie oft finden die Oberammergauer Passionsspiele statt?

Alle zehn Jahre.

Wer spielte in dem berühmten Film »Die Feuerzangenbowle« den Schüler Pfeiffer?

Heinz Rühmann.

Was ist ein Double?

Ein Ersatzspieler im Film, den man meist nur von hinten oder aus der Ferne sieht. Filmschauspieler lassen sich bei gefährlichen Szenen (Stunts) oft doubeln.

Welcher deutsche Maler war Hofmaler des englischen Königs Heinrich VIII.?

Hans Holbein der Ältere (1497 bis 1543).

Welche Kunstrichtung hat ihren Namen aus der Babysprache?

Der Dadaismus.

Wie viele Farben hat ein monochromes Bild?

Eine einzige.

Was ist Indigo?

Ein aus Indien stammender blauer Farbstoff. Er war in Europa schon in der Antike bekannt.

Was meint man mit perspektivischer Malerei?

Perspektive ist eine Art, Bilder zu malen, bei der man einen Eindruck von der räumlichen Tiefe des Geschehens erhält. Je weiter entfernt zum Beispiel eine Person erscheinen soll, desto kleiner muss sie gezeichnet werden. Bis in das 15. Jahrhundert wurden Personen und Gegenstände im Vordergrund und Hintergrund immer gleich groß dargestellt. Die Entdeckung der Perspektive (um das Jahr 1400 in Italien) bedeutete eine Revolution in der Malkunst.

Wissenschaft

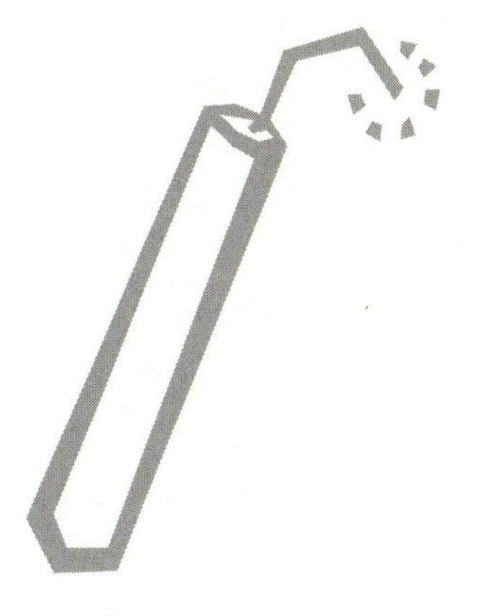

Welcher griechische Mathematiker rief »Heureka!« – und was heißt das auf Deutsch?

Das war Archimedes, etwa im Jahr 200 v. Chr. Heureka heißt »Ich hab's gefunden!«. Und gefunden hatte Archimedes eine Methode, wie man den Rauminhalt eines unregelmäßig geformten Körpers sehr einfach berechnen kann; man muss ihn bloß ins Wasser tauchen und herausfinden, wie viel Wasser er verdrängt. Dieser geniale Gedanke kam dem Mathematiker, als er in die Badewanne stieg und sah, wie sich der Wasserspiegel hob.

Wer suchte nach dem »Stein der Weisen«?

Die mittelalterlichen Alchimisten, die Vorläufer der modernen Chemiker. Die Alchimisten waren jedoch zugleich Wissenschaftler, Philosophen und Mystiker. Der Stein der Weisen war für sie Symbol für die Urmaterie und für religiöse Erkenntnis.

Was ist eine Phiole?

Ein von Alchimisten und Chemikern verwendetes bauchiges Glas mit langem Hals.

Was ist ein Fallout?

Radioaktiver Niederschlag.

Wann ist Wasser »hart«?

Wenn es sehr viel Kalk enthält. Um hartes Wasser zum Schäumen zu bringen, braucht man sehr viel Seife.

Was ist die NASA und wofür steht diese Abkürzung?

Die NASA ist die amerikanische Weltraumbehörde. Die Abkürzung steht für National Aeronautics and Space Administration – Nationale Luft- und Raumfahrtbehörde.

Was wird auf der Beaufortskala gemessen?

Die Windstärke. Die Skala umfasst zwölf Stufen.

Was ist die Amplitude einer Schwingung?

Die Amplitude einer mechanischen oder elektromagnetischen Schwingung ist ihre Schwingungsweite.

Einer der größten Chemiker der Geschichte starb unter der Guillotine. Wie hieß er?

Antoine Laurent Lavoisier (1743 bis 1794). Er gilt als Begründer der modernen Chemie. Aus politischen Gründen wurde er zur Zeit der Französischen Revolution enthauptet.

Was ist die kritische Temperatur eines Gases?

Gase können verflüssigt werden, indem man sie unter Druck setzt. Propangas zum Beispiel ist in der Druckflasche flüssig, außerhalb der Flasche jedoch gasförmig. Es gibt jedoch für jedes Gas eine bestimmte Mindesttemperatur, oberhalb welcher Gase immer gasförmig bleiben – egal wie groß der Druck ist. Dies ist die kritische Temperatur.

In welcher Flüssigkeit kann man Gold und Platin auflösen?

In so genanntem Königswasser. Das ist eine Mischung aus drei Teilen Salzsäure und einem Teil Salpetersäure.

Wie lautet die Lehre von den Bewegungsgesetzen der Flüssigkeiten?

Hydraulik.

Was macht ein Katalysator?

Katalysatoren sind chemische Substanzen, die chemische Reaktionen ermöglichen oder beschleunigen, sich dabei selbst jedoch nicht verändern. Im Auto steuert der Katalysator die Verbrennungsprozesse so, dass weniger schädliche Abgase entstehen.

Wie nennt man eine Vorhersage, die sich auf Daten und exakte Informationen stützt?

Eine Prognose.

Was ist Radioaktivität?

Wenn die Atomkerne unstabiler Elemente zerfallen, dann senden sie radioaktive Strahlen (Alphastrahlen, Betastrahlen und Gammastrahlen) aus. In Atomkraftwerken und Atombomben wird dieser Zerfall künstlich hervorgerufen. Radioaktive Strahlung ist für Lebewesen schädlich.

Aus welchen Mineralien besteht das Gestein Granit?

Aus Feldspat, Quarz und Glimmer.

Was ist Phosphoreszenz?

Phosphoreszenz ist die Eigenschaft mancher Stoffe, selbst zu leuchten, nachdem sie mit normalem Licht angeleuchtet oder mit Röntgenstrahlen bestrahlt worden sind.

Ist Wasserdampf ein Gas?

Nein. Wasserdämpfe sind nichts anderes als in der Luft fein verteilte, winzige Wassertröpfchen.

Von welcher bis zu welcher Temperatur reicht die Gradeinteilung eines Fieberthermometers?

Von 35 bis 43 Grad Celsius.

Was wird in Ampere gemessen?

Die Stromstärke.

Wie tief liegt der absolute Nullpunkt?

Bei minus 273,15 °C, zugleich null Grad Kelvin.

Welche elektrischen Maßeinheiten gibt es?

Ampere (A) für Stromstärke; Volt (V) für Spannung; Ohm (Q; der griechische Buchstabe Omega) für Widerstand; Watt (W) für Leistung. Ein Watt ist ein Volt mal ein Ampere.

Welches Volk hat die Sonnenbahn erstmals in die zwölf Tierkreiszeichen eingeteilt?

Die Babylonier (etwa 1200 v. Chr.).

Aus welchem Element besteht der Diamant?

Aus reinem Kohlenstoff.

Was ist das im ganzen Universum am häufigsten vorkommende Element?

Wasserstoff.

Wie viel Watt haben ein Kilowatt und ein Megawatt?

Tausend Watt und eine Million Watt.

Wer entdeckte die Bewegungsgesetze der Planeten?

Der deutsche Astronom Johannes Kepler (1571 bis 1630). Er konnte zeigen, dass sich die Planeten in Ellipsen rund um die Sonne bewegen. Er entdeckte die Zusammenhänge zwischen der Umlaufzeit eines Planeten und seiner Entfernung zur Sonne.

Wer war Adam Riese?

Der Verfasser des ersten deutschen Rechenbuchs.

Von wem stammt die Periodentafel der Elemente?

Der Russe Dimitri Iwanowitsch Mendelejew (1834 bis 1907), einer der genialsten Physiker der Weltgeschichte, stellte schon 1869 seine Tafel aller Elemente auf. Darin behauptete er auch die Existenz von Elementen, die zu seiner Zeit noch gar nicht entdeckt waren. Das nach ihm benannte Element Mendelevium hat die Nummer 101 auf der Tafel der Elemente.

Wer entdeckte das Neutrino?

Der österreichische Physiker Wolfgang Pauli (1900 bis 1958) berechnete, dass es im Atomkern auch ein elektrisch neutrales Teilchen geben muss. Er nannte es das Neutrino. Sein Kollege Enrico Fermi konnte später die Richtigkeit dieser Annahme beweisen.

Wer identifizierte die Quasare?

Quasare (quasistellare Strahlungsquellen) sind Himmelskörper, die man nur über ihre elektromagnetischen Strahlen aufspüren kann. Sie wurden erstmals von den amerikanischen Wissenschaftlern Thomas Matthews und Allen Sandage identifiziert.

Was unterscheidet einen artesischen Brunnen von einem gewöhnlichen Brunnen?

Aus einem normalen Brunnen muss man das Wasser hochpumpen; im artesischen Brunnen herrscht Überdruck, sodass das Wasser von selbst hochsteigt.

Wer entdeckte die Tuberkulose- und Cholerabazillen?

Das war der deutsche Bakteriologe Robert Koch (1843 bis 1910). Er erhielt 1905 den Nobelpreis für Medizin.

Wer entdeckte den künstlichen Süßstoff Saccharin?

Der deutsche Chemiker Constantin Fahlberg stellte 1879 erstmals Saccharin (oder Sacharin) her. Dieses intensiv süß schmeckende weiße Pulver wird als Ersatz für Zucker verwendet.

Was ist eine Hochrechnung?

Das ist die Schätzung eines Endergebnisses auf der Grundlage vorläufiger Zwischenergebnisse. Hochrechnungen gibt es zum Beispiel nach Wahlen. Sobald man die Ergebnisse einiger Gebiete kennt, kann man daraus das wahrscheinliche Endergebnis »hochrechnen«.

Wer entdeckte das Ozon?

Der deutsche Chemiker Christian Friedrich Schönbein. Ozon ist eine Abart des Gases Sauerstoff.

Was ist Schießbaumwolle?

Ein Sprengmittel, das aus dem Salpetersäureester der Zellulose, also auf pflanzlicher Grundlage, hergestellt wird.

Wer entdeckte die Elemente Strontium, Kalzium, Magnesium und Barium?

Der englische Physiker Sir Humphrey Davy. Dieser Wissenschaftler war außerdem ein praktisch veranlagter Mann. Die Bergleute verdanken ihm die Sicherheitslampe für die Arbeit unter Tage.

In welchem Land wurde erstmals mit der Zahl Null gerechnet?

In Indien. Über die Araber kam diese Rechenart zu uns. Heute rechnen wir immer noch mit arabischen Ziffern.

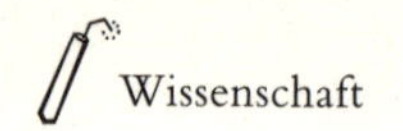

Wie viele Nullen haben eine Billion, eine Billiarde und eine Trillion?

Eine Billion (1 000 000 000 000) hat zwölf Nullen und ist tausend Milliarden oder eine Million Millionen. 1000 Billionen sind eine Billiarde und 1000 Billiarden sind eine Trillion. Eine Billiarde hat fünfzehn Nullen, eine Trillion hat achtzehn Nullen.

Literatur

Wie heißt der Teufel in Goethes Theaterstück »Faust«?

Mephistopheles.

Womit schrieben vor 2000 Jahren die Griechen und Römer im Alltag?

Mit Schreibtafeln, die mit einer Wachsschicht überzogen waren, und mit Griffeln, mit deren Hilfe sie Buchstaben in die Tafeln ritzten.

Wie viele Seiten hat die dickste Zeitung der Welt?

240 Seiten. So dick ist die Wochenendausgabe der New York Times.

Wie nennt man eine Falschmeldung in einer Zeitung?

Zeitungsente. Schon im Mittelalter nannte man eine Lüge eine »blaue Ente« – warum, weiß keiner.

Was ist Kursivschrift?

Eine Druckschrift, die schräg läuft. Damit kann man Teile eines Textes oder bestimmte Wörter besser herausheben.

Bis wann schrieb man in Deutschland und Österreich Fraktur?

Bis 1941. In diesem Jahr wurde die alte deutsche Schreibschrift (Frakturschrift) durch die so genannte »deutsche Normalschrift« abgelöst. Von nun an lernten deutsche Kinder dieselbe Schreibschrift wie französische und englische Kinder. Wer die Frakturschrift nicht gelernt hat, der hat Mühe, alte Briefe zu entziffern.

Wie nennt man einen Erwachsenen, der nicht lesen und schreiben kann?

Einen Analphabeten. Das griechische Wort ist zusammengesetzt aus »Alphabet« und der Vorsilbe »an«. »An-« oder »a-« bedeutet »nicht«.

Was sind Runen?

Die ältesten Schriftzeichen der Germanen.

Wer waren die Meistersinger?

Nebenberufliche Dichter und Komponisten, meist Handwerksmeister, in den deutschen Städten des späten Mittelalters.

Woher hat der Atlas seinen Namen?

Vom griechischen Titanen Atlas. Der Sage nach trägt er die Welt auf seinen Schultern. Der niederländische Geograf Gerhardus Mercator, der 1585 die erste moderne Sammlung von Landkarten herausgab, benannte sein Werk nach dieser Sagengestalt. Seitdem heißen Bücher mit Landkarten Atlanten.

Was ist eine Autobiografie?

Die Beschreibung des eigenen Lebens. »Biografie« heißt Lebensbeschreibung, »auto« heißt selbst. (Ein Automobil ist ein Fahrzeug, das sich »von selbst« bewegt.)

Wie heißt der Verfasser des berühmten Romans »In 80 Tagen um die Welt«?

Jules Verne (1828 bis 1902).

Was fing der Rattenfänger von Hameln?

Zuerst Ratten und dann Kinder. Der Sage nach litt die niedersächsische Stadt Hameln einstmals furchtbar unter einer Rattenplage. Ein fremder Flötenspieler machte sich erbötig, die Stadt zu befreien. Das tat er dann auch. Die Hamelner Ratsherren allerdings wollten den Rattenfänger nicht bezahlen. Da verzauberte der Flötenspieler die Kinder der Stadt.

Was ist ein Plagiat?

Wenn ein Schriftsteller, Maler oder Komponist die Schöpfung eines Berufskollegen als sein eigenes Werk ausgibt, dann begeht er ein Plagiat. Ein Plagiat ist also Diebstahl geistigen Eigentums.

Was ist eine Burleske?

Eine derb-komische Dichtung.

Was ist die Legende eines Spions?

Eine Tarngeschichte. Wenn ein Agent unter falschem Namen operiert, braucht er dazu auch eine erfundene, aber in sich stimmige Lebensgeschichte. Diese fingierten Lebensläufe nennt man scherzhafterweise auch Legenden.

Wie nennt man eine fromme Erzählung aus dem Leben eines Heiligen?

Eine Legende. Legenden waren vor allem im Mittelalter sehr beliebt.

Ein antiker griechischer Held konnte so laut brüllen wie fünfzig Männer. Wie hieß er?

Stentor. Von stimmgewaltigen Männern sagt man, sie hätten eine Stentorstimme.

Was ist ein Mentor?

Ein Berater. So hieß der Freund des griechischen Sagenhelden Odysseus.

Wie heißt die berühmte Romanfigur, die mit Windmühlen kämpfte?

Don Quijote de la Mancha. Autor des Romanes ist Miguel de Cervantes (1547 bis 1616).

Was ist ein Obolus?

Das ist die Münze, die man im alten Griechenland den Toten vor der Bestattung in den Mund legte. Mit diesem Geldstück sollte der Fährmann Charon entlohnt werden, der die Toten der Sage nach mit seinem Boot ins Totenreich überführt. Heute versteht man unter einem Obolus eine kleine Geldspende.

Wer wohnte in 221, Baker Street, London?

Der berühmte Sherlock Holmes. Manche Leser hielten ihn für einen wirklichen Detektiv und schrieben ihm Briefe. Doch wie der Held selbst ist auch die Adresse eine Erfindung; die Baker Street gibt es allerdings wirklich.

Welche Art von Qualen muss der griechische Sagenheld Sisyphos erdulden?

Er muss in der Unterwelt immer wieder einen Felsen einen Berg hinaufwälzen. Sobald der Felsen endlich oben ist, kollert er wieder zu Tal, und Sisyphos muss von neuem beginnen.

Woher kommt der Ausdruck »Der letzte Mohikaner«?

Das ist der Titel eines im Nordamerika des frühen 19. Jahrhunderts spielenden Romans von James F. Cooper (1789 bis 1851).

Für welchen Geheimdienst arbeitet James Bond?

Für den britischen Secret Service.

Wie heißt der Autor von »Die fromme Helene«?

Wilhelm Busch (1832 bis 1908).

Wie heißt der »Herr des Dschungels« in den Büchern von Edgar Rice Burroughs?

Tarzan. Burroughs schrieb von 1912 an insgesamt zwölf Tarzanromane. Der Herr des Dschungels wurde vor allem auch durch Comics und Filme berühmt.

Was ist ein Homunkulus?

Ein künstlich geschaffener Mensch. Das lateinische Wort heißt übersetzt: Menschlein.

Welcher der beiden Comic-Helden Asterix und Obelix ist unbezwingbar stark?

Obelix. Er war als Kind in den Kessel mit dem Zaubertrank gefallen, den der Druide Miraculix gebraut hatte. Asterix hingegen gewinnt nur dann übermenschliche Kräfte, wenn er am Zaubertrank nippt.

Wer sind Huey, Dewey und Louie?

Das sind Donald Ducks Neffen Tick, Trick und Track in der amerikanischen Originalausgabe der Donald-Duck-Geschichten. Ausgesprochen werden ihre Namen: Hjui, Djui und Lui.

Welcher dänische Dichter wurde durch seine Märchen berühmt?

Hans Christian Andersen (1805 bis 1875). Zu seinen berühmtesten Werken gehören »Die Prinzessin auf der Erbse«, »Des Kaisers neue Kleider« und »Der Schweinehirt«.

Wie nennt man die Narrengestalt im süddeutsch-österreichischen Volkstheater?

Hanswurst.

Wie heißt Donald Ducks Onkel, der geizige Dagobert Duck, im amerikanischen Original?

Scrooge McDuck. Das schottische »Mc« verweist auf die Herkunft des Geizkragens, denn Schotten gelten als äußerst sparsam. Und »Scrooge« ist der Name des berüchtigten Geizhalses Ebenezer Scrooge in der Erzählung »Eine Weihnachtsgeschichte« von Charles Dickens.

Was versteht man unter Psi-Phänomenen?

Das sind Erscheinungen, die sich mit normalen wissenschaftlichen Methoden nicht erklären lassen. Dazu gehören zum Beispiel Gedankenlesen (Telepathie) oder das Bewegen von Gegenständen durch bloße Gedankenkraft (Telekinese).

Wie nennt man …

… eine Erzählung, deren Handlung eine verborgene Bedeutung hat?
Allegorie

… ein Schauspiel?
Drama

… ein Schauspiel mit unglücklichem Ende?
Tragödie

… ein Gedicht, das sich in feierlicher Form mit dem Tod oder anderen traurigen Anlässen beschäftigt?
Elegie

… eine kurze Erzählung mit einer Moral, in der Tiere die Rolle von Menschen übernehmen?
Fabel

… den gleich klingenden Ausgang zweier Verse in mindestens einer Silbe?
Reim

… ein vierzehnzeiliges Gedicht mit verschiedenen Reimformen?
Sonett

… ein Schauspiel mit lustigem Inhalt?
Komödie

… die Rede einer Figur am Ende eines Schauspiels?
Epilog

… Schauspielkunst, die ohne Worte auskommt und alles nur durch Körpersprache ausdrückt?
Pantomime

… einen Film oder ein Schauspiel mit ganz besonders dramatischen und gefühlsduseligen Szenen?
Melodram

… eine Komödie, die auf komische Effekte aus ist und sich um Logik überhaupt nicht kümmert?
Farce

… die Rede einer der Figuren eines Theaterstücks vor dem eigentlichen Beginn des Schauspiels?
Prolog

Dies und das

Was ist die CIA?

Central Intelligence Agency, die amerikanische Geheimdienstzentrale. »Intelligence« bedeutet hier das Sammeln von Informationen.

Wer ist der Besitzer des größten Diamanten der Welt, des Star of Africa?

Die englische Königsfamilie. Der Diamant hat 530 Karat, wiegt also etwa 100 Gramm. Er gehört zu den Kronjuwelen und kann im Londoner Tower bewundert werden.

Was ist ein Dementi?

Die offizielle Richtigstellung oder Zurücknahme einer Falschmeldung.

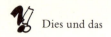

Was heißt im internationalen Postverkehr »poste restante«?

Postlagernd. Der Brief wird nicht zugestellt, sondern bleibt am Postamt liegen, bis er vom Empfänger am Postamt abgeholt wird.

Wer war Kaspar Hauser?

Ein völlig verwilderter etwa 16-Jähriger, der im Jahr 1828 auf rätselhafte Weise auftauchte, nicht sprechen konnte und nichts von seiner Herkunft wusste. Man nannte ihn Kaspar Hauser. 1833 wurde er von Unbekannten ermordet.

Seit wann schnäuzen sich Deutsche ins Taschentuch?

Seit Ende des Mittelalters. Im Jahre 1503 wurde der Gebrauch von Taschentüchern erstmals erwähnt. Zuvor schnäuzte man sich durch die Finger auf den Boden.

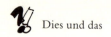

Womit befasst sich die Paläontologie?

Mit den Lebewesen vergangener Erdzeitalter. Wörtlich übersetzt heißt Paläontologie »Lehre von den uralten Lebewesen«.

Wie heißen die Erstbesteiger des Mount Everest?

Edmund Percival Hillary (Neuseeland) und Tenzing Norgay (Nepal). Die Erstbesteigung des 8848 Meter hohen Berges fand 1955 statt.

Wie weit reichen Bermudashorts?

Bis zu den Knien.

Was ist ein Querschläger?

Ein Geschoss, das durch ein Hindernis aus seiner ursprünglichen Bahn geworfen wurde.

Wie heißen die Körperorgane, die Sekrete bilden und absondern?

Drüsen.

Wie lautet der deutsche Name für Knickerbocker?

Pumphosen.

Was ist eine »graue Eminenz«?

Eine einflussreiche Persönlichkeit, die im Hintergrund bestimmt, was zu geschehen hat. Eine graue Eminenz tritt in der Öffentlichkeit nicht in Erscheinung.

Was ist ein Vegetarier?

Jemand, der keine Lebensmittel isst, die von Tieren stammen – also kein Fleisch. Strenge Vegetarier trinken auch keine Tiermilch und essen weder Milchprodukte noch Eier. Viele Vegetarier lehnen tierische Nahrungsmittel aus gesundheitlichen Gründen ab. Andere Vegetarier sind Tierfreunde und glauben nicht, dass man fühlende Lebewesen ausbeuten und töten darf.

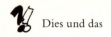

Was tut ein Schwarzhörer?

Er hört Radio, ohne sein Gerät ordentlich angemeldet zu haben. Damit prellt er die Rundfunkanstalten um die Rundfunkgebühren. Schwarzhören ist ebenso strafbar wie Schwarzfahren in der Straßenbahn.

Was ist Schwarzgeld?

Geld von zweifelhafter Herkunft, das zum Beispiel aus Schwarzgeschäften am schwarzen Markt stammt. Oder jemand hat als »Schwarzarbeiter« Einnahmen, die er vor dem Finanzamt geheim hält und für die er keine Steuer zahlt. »Schwarz« heißt so viel wie illegal.

Was ist ein Affront?

Eine gezielte Schmähung oder Beleidigung.

Welche Berufsgruppe sprach früher Rotwelsch?

Die Angehörigen der Unterwelt. Rotwelsch ist die traditionelle deutsche Gaunersprache.

Wie viel Liter hat ein Hektoliter?

100 Liter.

Was war der Schwarze Freitag?

Das war Freitag, der 25.10.1929. An diesem Tag brach die New Yorker Börse zusammen. Millionen von Anlegern verloren ihr Geld. Viele Kaufleute gingen freiwillig in den Tod. Die Weltwirtschaftskrise nahm an diesem Tag ihren Anfang.

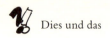

Wie viele Quadratmeter hat ein Hektar?

10 000 Quadratmeter.

Welcher deutsche Schriftsteller wurde durch sein Buch über gute Manieren berühmt?

Freiherr von Knigge. Sein Buch hieß »Über den Umgang mit Menschen«.

Was ist Ambra?

Ambra oder Amber ist die ölige Darmausssscheidung des Pottwales. Ambra selbst ist geruchlos. An diesem Stoff haften jedoch Gerüche wie an keiner anderen natürlichen Substanz. Deshalb wird Ambra in der Parfümindustrie verwendet – und Pottwale werden dafür getötet.

Was erfand der amerikanische Apotheker John S. Pemberton?

Das Rezept für Coca-Cola.

Wie heißt ein Auszubildender im Beruf des Seemanns?

Schiffsjunge.

Wo gab es das erste Warenhaus der Welt?

1855 in Paris.

Welcher berühmte deutsche Erfinder und Ingenieur ertrank 1913 im Ärmelkanal?

Rudolf Diesel, der Erfinder des Dieselmotors. Möglicherweise ging er freiwillig in den Tod.

Vier mal 1000 Fragen und Antworten zum Stöbern, Staunen und Entdecken

1000 spannende Fragen:
Natur und Technik
ISBN 10: 3-570-21705-1
ISBN 13: 978-3-570-21705-4

1000 spannende Fragen:
Unsere Welt
ISBN 10: 3-570-21706-X
ISBN 13: 978-3-570-21706-1

1000 spannende Fragen:
Allgemeinwissen
ISBN 10: 3-570-21707-8
ISBN 13: 978-3-570-21707-8

1000 spannende Fragen:
Das Wissensquiz
ISBN 10: 3-570-21708-6
ISBN 13: 978-3-570-21708-5

5313

www.omnibus-verlag.de